Histórias e Fragmentos
da Arte Empresarial

HUGO CHELO
MIGUEL MORGADO

Histórias e Fragmentos da Arte Empresarial

ALMEDINA

HISTÓRIAS E FRAGMENTOS
DA ARTE EMPRESARIAL

AUTOR
HUGO CHELO
MIGUEL MORGADO

EDITOR
EDIÇÕES ALMEDINA. SA
Rua da Estrela, n.º 6
3000-161 Coimbra
Tel.: 239 851 904
Fax: 239 851 901
www.almedina.net
editora@almedina.net

PRÉ-IMPRESSÃO • IMPRESSÃO • ACABAMENTO
G.C. – GRÁFICA DE COIMBRA, LDA.
Palheira – Assafarge
3001-453 Coimbra
producao@graficadecoimbra.pt

Outubro, 2006

DEPÓSITO LEGAL
244325/06

Os dados e opiniões inseridos na presente publicação
são da exclusiva responsabilidade do(s) seu(s) autor(es).

Toda a reprodução desta obra, por fotocópia ou outro qualquer processo,
sem prévia autorização escrita do Editor,
é ilícita e passível de procedimento judicial contra o infractor.

ÍNDICE

Prefácio 7

Apresentação 13

CAPÍTULO I – Liderança 29

CAPÍTULO II – Visão Estratégica 55

CAPÍTULO III – Persuasão 83

CAPÍTULO IV – Autodomínio 109

CAPÍTULO V – Coragem 139

CAPÍTULO VI – Empenho 163

CAPÍTULO VII – Conflito 189

CAPÍTULO VIII – Ordem 213

CAPÍTULO IX – Cooperação 239

PREFÁCIO

João César das Neves

Tem nas mãos um livro muito estranho. Tão estranho que, depois de ser obrigado a abandonar as ideias iniciais e após desistir de o classificar num dos estilos particulares, só então é que começará a ser mesmo surpreendido.

O que é os clássicos podem ensinar ao gestor moderno? A resposta tem de ser necessariamente muito interessante. No meio das novíssimas realidades económicas e tecnológicas, os dilemas e decisões que os empresários enfrentam são realmente velhos como o mundo. Os grandes livros da humanidade têm lições milenares preciosas para as empresas de hoje. E são muito mais pragmáticos e comunicativos do que pensam os actuais leitores, limitados à sua dieta de revistas e novelas.

Esta é a inspiração que concebeu este livro. Trata-se de uma orientação com crescente influência nos estudos da Gestão. São já antigos trabalhos como *Leadership Secrets of Attila the Hun* (1990), *The Sir Winston Method* (1991) ou *Sun Tzu and the Art of*

Business (1996). No fragor da luta do mercado, cada vez mais os decisores querem usam velhos ensinamentos para obterem as vantagens decisivas.

Incluída nesta linha, a presente obra ganha logo em variedade, abrangência e imaginação. Os seus autores não se limitam a um único pensador nem tratam uma área simples da Gestão. Foram antes escolher 22 pequenos trechos de obras marcantes da História do pensamento, retiradas de épocas e circunstâncias muito diferentes, organizando-os em nove grandes temas.

Logo na lista dos capítulos se nota que estamos num livro ímpar. Os títulos escolhidos são temas universais, mais do que tópicos empresariais. Se «Liderança», «Visão Estratégica», «Persuasão» e «Cooperação» constituem assuntos muito debatidos em escolas de Gestão, o «Auto-domínio», «Coragem», «Empenho», «Conflito» e «Ordem» vêm de âmbitos muito superiores. Mas o livro nem pestaneja ao recomendá-los aos administradores como elementos dos negócios.

Na forma do tratamento, os autores seguem também uma linha curiosa. Para além dos excertos citados, o corpo do texto inclui os seus comentários, sublinhando as lições mais relevantes. Mas ainda os relacionam com um caso actual, que ilustra a aplicabilidade económica dos ensinamentos. Deste modo, este pequeno volume constitui, simultaneamente, uma colectânea de clássicos, um tratado de Gestão e um livro de casos.

Talvez o elemento mais notório seja, não a variedade de fontes, a originalidade da arrumação e a diversidade de estilos, mas o atrevimento da interpretação. Em todos os trabalhos deste tipo, que se aventuram a aplicar obras antigas aos modernos problemas empresariais, gasta-se muito esforço a tentar justificar o propósito. Mostram demoradamente como o mestre citado se encontrava em condições parecidas com as presentes, e detalham os seus princípios em fórmulas directamente aplicáveis aos negócios.

Aqui, pelo contrário, os autores não estão nada incomodados pelo insólito do exercício. Mais do que isso, antes se divertem a ser sucessivamente mais inesperados e provocadores nos textos e casos citados. O leitor mais treinado não terá, talvez, dificuldade em digerir a relação entre as lideranças de Alexandre Magno, César Bórgia e Steve Jobs ou a visão estratégica de Júlio César, Napoleão e Henry Ford. Estes casos, apesar de originais, ainda respeitam o modelo particular do género. Em breve, porém, vai ver interligados Platão e o Evangelho de S. João como modelos de persuasão, Adam Smith e a torre de Babel na busca da cooperação, S. Agostinho e Thomas Hobbes na descrição do conflito. Tudo isto relacionado com coisas como o desastre financeiro do *Barings Bank*, a compra da *RJR/Nabisco* ou a atitude da *Cadbury Schweppes*. Mas também será obrigado a considerar como «casos empresariais» os incentivos ao trabalho no «gulag soviético» ou a visita de João Paulo II a Cuba. Ainda mais surpreendente é a forma como os temas são interpretados. Porque os «ensinamentos» referidos estão longe de ser ortodoxos. Eles incluem César Bórgia a assassinar a sangue-frio um leal colaborador, o capitão Ahab a insultar sem justificação um subordinado enquanto espera a baleia Moby Dick ou um dos textos mais infames do cínico Thomas Hobbes. Não há dúvida que este é mesmo um insólito livro de Gestão!

Isso significa que nenhum leitor lhe ficará indiferente. Não está aqui um daqueles volumes que gostam de embrulhar banalidades em papel colorido e vendê-las como descobertas geniais. Não constitui um conjunto de votos piedosos ou conselhos da avozinha mascarados em «gurus» da Gestão. Temos, pelo contrário, reflexões que vêm da Teoria Política, da Ética e da História, aplicadas à gestão de organizações. Reflexões que descendo ao fundo dos problemas de uma forma particular e, por isso mesmo, discutível, arriscam uma opinião honesta, em vez de pretenderem seduzir ou decretar oráculos.

Aplaudindo ou revoltando-se, todos os que acompanharem os autores nesta curiosa e curta viagem, podem ter a certeza de serem obrigados também a reflectir. Com eles seguirão «*the long thin delicate thread that had descended from distant antiquity; the thread of that unusual human hobby; the habit of thinking.*» (Chesterton, G. K. *St Thomas Aquinas*, cap. III).

APRESENTAÇÃO

Hoje em dia, é comum ouvir dizer que vivemos na "sociedade da informação" ou na "sociedade do conhecimento". Mas o que significa isso? Por "sociedade do conhecimento" entende-se aquele mundo em que o acesso à informação é relativamente fácil e rápido, em que a actualização do saber é crucial e a aprendizagem contínua uma necessidade, e no qual quem possui mais informação adquire por esse meio uma "vantagem comparativa". Nas nossas sociedades é preciso saber mais e mais rápido. Mas é preciso também saber manipular os instrumentos que permitem o acesso automático ao manancial de informação disponível. Basta atender à experiência comum do cidadão das nossas sociedades para perceber como estas necessidades são sentidas com uma urgência incontornável.

Um belo dia ouvimos uma referência vaga a determinado assunto. Numa conversa de circunstância foi usado jargão técnico que nos intrigou. Um filme muito popular retratou a vida de um homem ilustre que despertou a nossa admiração. O comentador televisivo utilizou as expressões «espada de Dâmocles», «Quinto Império», «sofista», «maquiavélico». As referências podem ser familiares, mas não são totalmente compreendidas. Por um lado, apercebemo-nos da nossa ignorância, por outro, cresce em nós – supondo que somos curiosos – o desejo de saber mais. O que fazemos enquanto cidadãos da "sociedade do conhecimento"?

Carregando numa tecla surge um leque quase infinito de opções. Escolhe-se uma, sem grande critério, que serve parcialmente a nossa curiosidade. Talvez a palavra-chave nem estivesse bem escrita, mas há um motor de busca que a corrige por nós. Da primeira escolha rapidamente se passa à segunda. Da segunda à terceira. Afinal, são necessárias mais opções. Eis que elas aparecem. A páginas tantas, já visitámos dez fontes de informação distintas. Esta é demasiado sucinta; aquela é extensa em excesso; aqueloutra é lateral aos nossos interesses. A cada passo não duvidamos que retivemos alguma informação. Mas não era bem aquilo que queríamos e as centenas de milhares de resultados no ecrã começam a exasperar a nossa paciência. No final da nossa saga, descarregámos milhares de *bytes* de informação e carregámos dezenas de perplexidades, dúvidas e insatisfações: não era disto que estávamos à procura.

Cansados depois de um dia de trabalho e de uma pesquisa informática frustrante, ligamos a televisão. Mais informação: cinco minutos sobre os faraós do

Antigo Egipto; dois minutos sobre as descobertas da genética numa universidade americana; três minutos sobre o modo de vida dos Esquimós; alguns segundos sobre a colheita do arroz no Vietname; um código secreto americano na II Guerra Mundial; os problemas nervosos de Kafka; a homossexualidade de Miguel Ângelo; a duplicidade de Cristóvão Colombo; a explosão de duas bombas atómicas; o homem chega à Lua; e nós adormecemos com o comando na mão.

Deixemos esta caricatura e forjemos outra. Numa empresa descobre-se que existe uma carência a nível da formação contínua dos seus quadros. O gestor de recursos humanos sabe que o seu pessoal é competente, mas também compreende a necessidade de formação ao longo da vida. E quando não compreende, a legislação comunitária e nacional encarregam-se de o lembrar. São, então, contratados os serviços de instituições especializadas. Não se pretende que a formação incida apenas em aspectos técnicos que apurarão as competências profissionais dos formandos. O objectivo partilhado por tantas organizações é o de abrir os horizontes e facultar novas perspectivas aos seus colaboradores. A variedade da oferta é infinita. De cursos de deontologia a sessões de gestão do tempo e do *stress*, passando por palestras sobre o trabalho em equipa, várias são as modalidades em que se inscreve esta noção de formação contínua. Apesar de a participação activa e prática dos formandos ser frequentemente solicitada, no final da aprendizagem as mensagens continuam a resumir-se a modelos abstractos e a teorias gerais da organização, a tabelas e questionários.

Como em todas as caricaturas, exagerámos alguns traços dos exemplos aqui avançados. Não se trata de negar a validade e a utilidade das fontes de informação que a nossa "sociedade do conhecimento" disponibiliza aos seus cidadãos. Não queremos fazer uma crítica presunçosa dos instrumentos de valor indesmentível que a tecnologia actual e as novas metodologias fornecem. Mas, nas múltiplas referências à "sociedade do conhecimento", o que muitas vezes passa despercebido é o papel (quase) passivo desempenhado pelos destinatários da informação. O que queremos significar com esta passividade prende-se com o facto, muitas vezes assinalado, de que toda a informação é "descarregada" no destinatário sem ser efectivamente assimilada. Adquirimos informação, mas não a questionamos. Absorvemos sem organizar; repetimos sem pensar. O problema é que os sujeitos da "sociedade de conhecimento", de facto, não são "cidadãos activos", mas apenas canais por onde flui a informação sem nada se sedimentar.

O objectivo de abrir horizontes é, em si mesmo, louvável. Hoje em dia já percebemos como a mera destreza e conhecimento técnicos são insuficientes. As pessoas não se realizam somente como pólos de competências especializadas. A sua mente não se satisfaz com a estreiteza inerente ao desempenho profissional. Todos desejam integrar os seus saberes especializados numa visão do mundo mais ampla que abranja as suas diferentes experiências.

Como já avisava Aristóteles, "todo o homem deseja por natureza conhecer/ver". O ritmo da vida quotidiana muitas vezes não se compadece com este desejo natural tão profundo. Tentamos compensar esta frustração com a procura frenética de conhecimento nos milhares de páginas da *Internet*, nos concursos televisivos de cultura geral e nos pareceres dos líderes de opinião. E é tocante assistir a esta busca incessante do homem contemporâneo por mais saber. A decepção ocorre quando à apropriação da informação não se segue o seu saborear, digerir e assimilar.

O que propomos ao leitor neste livro? Antes de mais, debruçamo-nos sobre certos aspectos cruciais da "vida empresarial", isto é, sobre o conjunto de qualidades, aptidões, dificuldades e problemas que caracteriza as actividades humanas cooperativas, cuja coordenação tem em vista uma determinada finalidade. A definição é propositadamente aberta pois devem caber nela vários modelos de organização empresarial: o comercial, o financeiro, bem como associações de carácter não económico, como, por exemplo, ONG's e instituições não lucrativas.

Mas como escolhemos abordar este tema? Comecemos por aquilo que *não* faremos. Nesta obra o leitor não encontrará modelos, nem teorias. Também não encontrará uma reflexão sustentada na experiência de vida, nem sequer uma longa dissertação académica. Propomos, em contrapartida, a leitura de histórias, narrativas e pequenos fragmentos dos grandes mestres do pensamento ocidental. Nos dias que correm, os processos de aprendizagem prescindem desta forma de transmissão do saber. Há muito que as grandes histórias e narrativas deixaram de povoar as nossas salas de aula e o nosso imaginário. O debate de ideias fora de círculos muito circunscritos deixou igualmente de contar com as vozes incontornáveis do pensamento universal. É nossa intenção recuperar modos de aprendizagem esquecidos e os seus respectivos conteúdos.

Cabe perguntar: quem são os autores deste livro? Meros estudantes que nutrem uma admiração profunda pelos seus professores. Mas já não encontram esses professores na sala de aula. Como já alguém disse, é muito difícil encontrar grandes professores nas nossas escolas. Talvez já não haja mesmo nenhum entre os vivos. É apenas nas páginas dos livros que podemos aprender com eles. Como qualquer estudante, os autores não podem fazer mais do que apresentar os seus professores a todos aqueles que querem saber. Mas também como qualquer estudante, apenas retemos parte do que os mestres dizem; daí extraímos as nossas interpretações e ousamos fazer os nossos comentários.

O leitor é, assim, convidado a lê-los, a seguir os seus passos e a dialogar com eles. Os textos que aqui aparecem visam despertar a sua curiosidade e provocar a reflexão, ou seja, auxiliá-lo a tornar-se um "cidadão activo" da "sociedade do conhecimento". À primeira vista, parecerá algo estranho contactar com temas habitualmente tratados nos manuais de gestão, de comportamento organizacional, de recursos humanos ou de psicologia social nestes géneros literários e filosóficos, e pela voz de autores associados a outros domínios do saber. Neste momento, apenas pedimos ao leitor que lhes (e nos) dê uma oportunidade.

Os grandes monumentos do espírito humano que aqui apresentamos são um veículo, por excelência, de transmissão de saber. Fazem-no de forma magistral porquanto condensam num curto espaço todo um universo de ideias, reflexões e perspectivas sobre a realidade num contexto dinâmico e concreto. Devolvem o leitor ao seu mundo de carne e osso sem dispensar pressupostos e conclusões gerais aplicáveis a outras circunstâncias. Tantas vezes são denominados "clássicos". Mas sublinhamos que o são, não tanto por serem lidos por todos, mas porque nos "leram" muito antes de os termos lido. Por outro lado, tais momentos literários facilitam a transmissão oral, uma forma de comunicação que implica a assimilação por parte de quem conta e escuta. Uma "boa" história, um "belo" exemplo, um mito "verdadeiro", uma imagem plástica, penetram com facilidade no espírito de cada um e alojam-se na memória. Acompanham-nos durante uma vida inteira. Jamais os esquecemos.

O leitor ainda não se sente persuadido? Poderá retorquir: tudo isto parece muito pouco prático e irrelevante para quem quer agir num mundo em constante mudança. Cícero, um dos nossos mestres, por sinal um homem da vida activa e contemporâneo de grandes mudanças, afirmava: "entrámos na vida pública, sendo acerca dela por nossos mestres instruídos e formados nas suas doutrinas. Não formaram ou ensinaram os seus discípulos apenas enquanto vivos ou presentes, mesmo depois de mortos continuam a sua missão por intermédio do legado dos seus escritos".

Acrescentamos ainda que os nossos especialistas e técnicos não estão forçados pelo ritmo e peso das suas tarefas a uma inteligência sem espírito, a uma perícia sem coração, a um agir sem alma. Não estão condenados aos efeitos corrosivos da "cultura de massas" que se oferece a baixo custo e não impõe grande esforço. O seu espírito não está destinado à clausura numa "jaula de ferro".

O leitor, claro está, não necessita de subscrever o nosso deslumbramento com os grandes professores. A contemplação de monumentos não implica que se faça deles um lar. O que propomos é tornar acessíveis novas/antigas ideias que cultivem mentes mais criativas, mais livres e mais humanas. Ainda assim, a nossa admiração não se traduz numa concordância absoluta e conformista. E a verdade é que não é isso que os nossos mestres nos pedem para encetar um diálogo frutuoso. Como um deles ensinou: "Não é que eu considere que as produções literárias dos Antigos sejam irrepreensíveis. Penso apenas que elas possuem qualidades especiais que podem servir maravilhosamente para contrabalançar os nossos defeitos em particular. Elas sustêm-nos à beira do limite de onde nos debruçamos".

Debrucemo-nos agora, de forma sucinta, sobre considerações de carácter mais formal. O leitor encontrará a nossa obra dividida em nove capítulos. Cada capítulo é dedicado a um aspecto específico da vida da empresa ou organização. Os conteúdos estruturam-se em torno dos seguintes vectores de reflexão.

Em primeiro lugar, apresentamos o conjunto das "qualidades dirigentes": a liderança, a visão estratégica e a persuasão. Por "qualidades dirigentes" entendemos as aptidões fundamentais para o exercício de posições cimeiras na hierarquia de uma organização e que pressupõem uma função de chefia, coordenação e superintendência. Neste agrupamento o leitor notará o enfoque muito pronunciado na figura do líder.

Em segundo lugar, segue-se a reunião dos "pilares do desempenho profissional". E os eleitos são o autodomínio, a coragem e o empenho. Não se trata, como no caso anterior, de qualidades distintivas de uma posição dirigente, mas de atributos necessários, quer para o exercício de funções de chefia, quer para funções subordinadas. Não designamos explicitamente estas qualidades por "virtudes". Embora o autodomínio e a coragem possam ser identificadas como virtudes por direito próprio, já o empenho sugere uma atitude na qual concorrem vários hábitos e excelências morais.

Em terceiro e último lugar, expomos os "contextos do comportamento organizacional", a saber, o conflito, a ordem e a cooperação. Porque o desempenho na (e da) organização não é um simples produto das aptidões dirigentes, nem dos atributos humanos dos seus colaboradores considerados isoladamente, neste conjunto de capítulos abordamos, de uma perspectiva mais orgânica, os diferentes enquadramentos conjunturais internos da dinâmica empresarial.

Apesar deste livro se estruturar em torno de três grandes perspectivas de reflexão, e de percorrer nove capítulos distintos, isso não impede que todos os temas invocados mantenham fortes relações entre si. Por exemplo, a compreensão plena do problema da ordem pressupõe determinadas noções que ficaram firmadas no capítulo sobre o autodomínio. Ou ainda, o estudo dos efeitos motivacionais de uma liderança carismática não ficará completo sem o exame da acção persuasora do dirigente.

Antes de passarmos à estrutura interna dos capítulos, deixamos duas advertências finais. O ponto de enfoque sobre cada um dos temas tratados não é sempre o mesmo. Por vezes, a nossa preocupação reside na descrição de qualidades particulares. Outras vezes, incidimos a reflexão sobre a identificação e promoção de certos atributos. Noutras ainda, procuramos problematizar o tema. Aspectos diferentes da vida empresarial solicitam perspectivas de análise também elas diferentes. Por fim, o leitor aperceber-se-á de que, à medida que for percorrendo os sucessivos capítulos, a preeminência acentuada conferida à figura do líder é gradualmente atenuada em favor de uma lógica das dinâmicas de conjunto ou até de regras impessoais de funcionamento organizacional. O líder e as suas qualidades dirigentes, apesar de ocuparem uma posição de destaque, não devem absorver por inteiro os méritos que cabem à organização como um todo. Ele não é, nem poderia ser, a fonte única e exclusiva da vitalidade empresarial.

Cada capítulo está dividido em quatro partes bem demarcadas. Todos os capítulos abrem com curtas introduções. Nestas apresentamos, de forma muito sucinta, alguns dados biográficos dos autores e/ou um enquadramento genérico da obra. As introduções incluem ainda uma breve contextualização dos trechos apresentados no corpo da obra citada. Elaboramos estas apresentações com bastante economia de palavras, já que a nossa intenção consiste principalmente em atribuir à reprodução das histórias, narrativas e fragmentos todo o protagonismo que merecem. O objectivo último destas pequenas introduções não é mais do que facilitar ao leitor a entrada nos monumentos literários que se seguem.

Depois de apresentados os autores e situados os textos, aparecem os trechos das obras que constituem a matéria fundamental deste livro. A sua leitura é indispensável. É a partir destas passagens que se desenvolvem todas as considerações. São elas que conduzem e orientam as reflexões aqui contidas e, mais do que isso, permitem ao leitor elaborar as suas próprias conclusões. Daí que o leitor deva demorar-se na sua apreciação. A reduzida extensão dos excertos recolhidos tem precisamente em vista facilitar uma concentração prolongada e uma leitura sem pressas.

Procurámos fornecer ao leitor uma gama variada de géneros literários, desde o tratado até ao epopeia, passando pela dramaturgia e pelo diálogo. Foi também nossa intenção recorrer a obras de diferentes contextos histórico-filosóficos, desde a epopeia de Alexandre até ao debate constitucional americano, passando pelo Evangelho e pela filosofia moral aristotélica.

À excepção do capítulo dedicado à coragem, todos os restantes incluem uma selecção de dois ou mais textos. A reunião dos textos obedece a propostas de leitura e inquirição intelectual distintas. A conjugação dos textos varia consoante o ponto de enfoque no tema. Se em certos casos os excertos se complementam numa mensagem única e coerente – embora com múltiplos corolários e ramificações –, noutros confrontam-se de modo quase antitético. Noutros capítulos ainda, os trechos solicitam ao leitor uma progressão dialéctica, em que a pertinência dos vários passos só é completamente compreendida no ponto terminal do caminho percorrido.

Contando com a leitura atenta dos textos seleccionados, convidamos o leitor a acompanhar-nos num comentário. Este não é senão um conjunto de notas sobre as relações possíveis entre o conteúdo textual e o tema em que se insere. Procuramos manter a proximidade aos textos, sem que isso implique uma análise exegética especializada. Trata-se de uma interpretação livre, fortemente condicionada pelo objecto geral do capítulo, mas que procura ser o mais fiel possível à mensagem do autor e respeitar o contexto em que a obra a envolve. Como o leitor compreenderá, quando Emerson descreve as façanhas e ditos de Napoleão, não o faz com as preocupações do homem contemporâneo, nem pretende abrir a sua narrativa a um mundo distinto como é o da nossa vida empresarial. Contudo, neste como noutros casos a riqueza dos monumentos construídos pelos autores é mais do que suficiente para legitimar uma perspectiva de abordagem alternativa. Não escondemos que a nossa perspectiva de análise inclina a mensagem dos textos para propósitos específicos. Mas a abundância fértil de significados e reflexões dos excertos que apresentamos não contraria a exequibilidade desta opção.

Este livro não pretende concorrer com o trabalho do exegeta profissional ou do hermeneuta dedicado. Melhor do que nós, eles sabem que uma vida inteira talvez seja insuficiente para compreender em toda a profundidade certas passagens dos nossos trechos e a sua coerência com a intenção do autor. Também não sugerimos que a interpretação condicionada pelas preocupações da temática geral do capítulo seja a mais adequada a um conhecimento genuinamente científico dos nossos autores. A escolha dos textos e a sua interpretação de forma alguma aspira ao estatuto de trabalho académico. Quisemos poupar o leitor aos requisitos e exigências próprios de um estudo dessa envergadura.

Mesmo o leitor menos familiarizado com estas obras não se deve sentir intimidado ou limitado pelas nossas notas de comentário. É possível que, durante a sua leitura, encontre pontos de interesse ou detalhes importantes omissos no nosso contributo. Ao lidar directamente com os textos dos autores, o leitor torná-los-á seus, e essa apropriação, sendo natural e desejável, constituirá o primeiro passo para abandonar a sua passividade. Seguimos, assim, uma recomendação de Montesquieu tantas vezes esquecida: "não se deve esgotar sempre um assunto de tal modo que não se deixa ao leitor nada para fazer. Não se trata de fazer ler, mas de fazer pensar".

Por fim, cada capítulo é concluído por aquilo que nalguma bibliografia especializada é comum designar por "caso de estudo". Visamos descrever um episódio que fosse o mais familiar possível a um universo alargado de leitores, quer no que toca aos protagonistas, quer às referências empresariais e aos contextos situacionais. Porém, os "casos de estudo" não têm a pretensão de ilustrar por completo a mensagem retirada dos excertos citados e do nosso comentário. São tão-somente episódios que reflectem nalguns dos seus detalhes, e na sua dinâmica geral, aspectos por nós aflorados. Acima de tudo, têm por objectivo propiciar ao leitor a confrontação das ideias desenvolvidas com exemplos mais contemporâneos e que a sua experiência reconhece com espontaneidade. Todos os "casos" foram por nós elaborados tendo por base bibliografia que disponibilizamos nas respectivas notas de rodapé.

Terminado este preâmbulo introdutório e metodológico, resta-nos deixar o leitor na companhia dos nossos mestres, fazendo votos de que o seu diálogo seja tão gratificante quanto foi o nosso.

CAPÍTULO I
Liderança

Há quem diga que Plutarco (45-50(?)d.C-120(?) d.C) inventou o género literário da biografia. O biógrafo do mundo antigo nasceu na Beócia, mas não se sabe com exactidão em que ano. Estudou filosofia em Atenas durante o império de Nero e foi contemporâneo de outros grandes vultos literários como Tácito, Plínio, o Moço, e Juvenal. Autor de uma vasta obra, Plutarco compôs vários ensaios sobre uma miríade de assuntos conhecidos como *Moralia*. Foi também ele quem compilou os famosos *Ditos dos Espartanos* que seriam citados ao longo de toda a história do pensamento ocidental. Mas foram as *Vidas Paralelas* que tornaram Plutarco um autor intemporal. Nessa obra, Plutarco apresenta várias biografias de homens ilustres e famosos, procurando emparelhar uma figura latina com uma figura grega. Assim, em *Vidas Paralelas*, Plutarco descreve, por exemplo, o lendário fundador de Atenas, Teseu, juntamente com o lendário fundador de Roma, Rómulo; ou o grande orador ateniense, Demóstenes, a par do grande orador romano, Cícero. Porém, Plutarco, contrariamente ao modelo biográfico contemporâneo, está menos interessado em reproduzir a vida deste ou daquele indivíduo do que analisar os traços de carácter que definem um tipo humano específico.

Para este primeiro capítulo, escolhemos a biografia de Alexandre, a qual aparece na obra de Plutarco ao lado da desse outro grande conquistador romano, Júlio César. Alexandre (mas também César) é retratado como um homem absolutamente concentrado na prossecução do objectivo que determinou para si próprio. Ele é o líder heróico que lança os seus exércitos numa empresa militar de dimensões verdadeiramente épicas. No decurso da sua expansão, Dario, o imperador dos Persas, aparece como o grande rival – e o grande despojo – de Alexandre. Se é verdade que o império persa está já arruinado, o facto é que Alexandre quer derrotar Dario com as suas próprias mãos. Os exércitos vencem exércitos, mas um líder só pode ser vergado por outro líder.

Nicolau Maquiavel (1469-1527) nasceu, viveu e morreu na cidade de Florença, em Itália. Um dos nomes mais famosos (e um dos mais infames) da história do pensamento ocidental, Maquiavel foi pensador político e historiador, mas também dramaturgo, poeta e diplomata. Maquiavel foi uma das figuras mais notórias da fase tardia do chamado Renascimento. Durante a república florentina no início do século XVI ocupou cargos políticos importantes e foi-lhe confiada a tarefa (não muito bem sucedida) de criar uma milícia de soldados florentinos para libertar Florença da sua tradicional dependência de tropas mercenárias estrangeiras. Com a queda da república em 1512 caíram também por terra as suas aspirações políticas, restando-lhe dedicar a sua vida ao desenvolvimento da sua obra literária. Livros como *A Mandrágora*, *Histórias Florentinas* e *Discursos sobre a Primeira Década de Tito Lívio*, granjearam-lhe fama imortal, mas foi sobretudo *O Príncipe* que tornaria o nome de Maquiavel conhecido para a posteridade. Nesta obra, Maquiavel expõe muito do essencial da sua teoria política: a crítica à filosofia política clássica, a antinomia entre "virtude" e "fortuna", a figura do "novo príncipe" e os problemas políticos associados à vida de rectidão moral.

As passagens citadas dizem respeito, respectivamente, à figura de César Bórgia, um aventureiro político e militar cujos actos condicionaram consideravelmente a política italiana no final do século XV e no início do século XVI, e ao famoso problema de saber se mais vale ser amado ou ser temido.

Os restos mortais de Maquiavel estão hoje sepultados na Igreja de Santa Croce, em Florença, o mesmo lugar que acolhe a sepultura de Miguel Ângelo. O epitáfio da sepultura de Maquiavel reza assim: *Tanto nomini nullum par eulogium*.

PLUTARCO, *Vida de Alexandre*, 42-43.

42. "(...) Entretanto [Alexandre] reiniciou a perseguição a Dario, na intenção de travar novo combate. Ao tomar conhecimento de que Besso o aprisionara, licenciou os tessálios e fê-los regressar ao seu país, tendo-lhes dado, além do soldo habitual, um suplemento de dois mil talentos. Esta perseguição foi penosa e longa – em onze dias percorreu a cavalo três mil e trezentos estádios –, sucumbindo a maioria à fadiga, e sobretudo à falta de água. Um dia deparou com uns Macedónios que vinham do rio com uns odres de água em cima das mulas; estes, ao verem Alexandre sofrendo terrivelmente por causa da sede, e para mais à hora do meio-dia, encheram sem demora um elmo de água e ofereceram-lho. Mas ele quis saber a quem se destinava a água: «Aos nossos filhos», responderam; «mas, estando tu vivo, se os perdermos, arranjaremos outros filhos.» Ao ouvir tal, aceitou o capacete, mas, olhando em volta e vendo todos os cavaleiros de cabeça caída e os olhos fitos nele, devolveu a água sem beber, agradecendo contudo aos que lha tinham dado. «É que se fosse só eu a beber, todos esses perderiam a coragem.» Os cavaleiros, ao testemunharem a moderação e a magnanimidade de Alexandre, gritaram-lhe, em tom guerreiro, que os conduzisse com toda a confiança, e começaram a acicatar os cavalos. Já não havia fadiga, nem sede; mais ainda: já nem se consideravam inteiramente mortais, enquanto tivessem por chefe um tal rei".

43. "O ardor era o mesmo em todos, porém dizem que apenas sessenta irromperam com ele no acampamento dos inimigos. Ali passam por cima de uma imensidade de objectos de prata e de ouro espalhados pelo chão, ultrapassam um largo número de carros cobertos, com crianças e mulheres, mas sem condutor que os guiasse, e perseguem rapidamente os esquadrões da vanguarda, julgando que entre eles se encontrava Dario. Descobrem-no com dificuldade, estendido num carro e com o corpo atravessado por muitos golpes de dardos e à beira da morte. Ainda assim, pediu água e, depois de beber água fresca, disse para Polístrato, que lha dera: «Homem, para cúmulo da minha desgraça, nem sequer posso retribuir a quem me fez bem; mas Alexandre pagar-te-á este favor, e os deuses retribuirão a Alexandre a humanidade de que deu provas para com a minha mãe, minha mulher e meus filhos;

como penhor disto, aperta-lhe por mim a sua mão direita.» Depois de assim falar e de segurar na mão de Polístrato, morreu.

Alexandre, que chegara naquele momento, mostrando-se compungido com este triste fim e tirando a sua própria clâmide, lançou-a sobre Dario e com ela envolveu o cadáver. Mais tarde, tendo encontrado Besso, fê-lo esquartejar da forma seguinte: mandou curvar à força, de forma a encontrarem-se num ponto, duas árvores direitas, e amarrar a cada uma delas uma parte do corpo; em seguida mandou soltar as duas, a fim de que, ao endireitarem-se com violência, cada uma delas arrastasse a parte do corpo que lhe estava ligada. Alexandre ordenou ainda que embalsamassem regiamente o corpo de Dario e o enviassem a sua mãe; também acolheu como companheiro seu irmão Exatres".

Nicolau Maquiavel, *O Príncipe*, cap. VII

"E como esta parte é digna de nota e de ser imitada por outros, não quero deixar de mencioná-la. Tendo o duque [César Bórgia] ocupado a Romanha, e encontrando-a comandada por senhores impotentes que, mais do que governá-la, se tinham dedicado a espoliá-la, a provocar desunião em vez de união, de tal maneira que na província grassavam o roubo, o banditismo e toda a espécie de delinquência, achou necessário, para torná-la pacífica e obediente ao braço régio, dar-lhe um bom governo. Para isso propôs Remirro de Orco, homem cruel e expedito, a quem deu plenos poderes. Este, em pouco tempo, devolveu-a à paz e à união, o que lhe valeu grande reputação. Mais tarde, pareceu ao duque não ser necessária uma autoridade tão excessiva, por temer que se tornasse odiosa, e propôs que se organizasse um tribunal civil, no centro da província, presidido por um magistrado destacado, e junto do qual oficiava um advogado de cada cidade. E reconhecendo que o rigor do passado gerara alguns ódios, para dela libertar o ânimo dos povos e ganhar a sua dedicação, quis demonstrar que, se alguma crueldade tinha havido, não fora por sua vontade, mas devido à natureza acerba do ministro. E aproveitando uma ocasião, certa manhã, em Cesena, mandou-o cortar em dois no meio praça; com um cepo e uma faca ensaguentada ao seu lado. A ferocidade daquele espectáculo deixou o povo satisfeito e estupefacto".

O Príncipe, cap. XVII

"Daqui nasce um dilema: se é melhor ser amado que temido, ou o inverso. A resposta é que seria preferível ser uma e outra coisa. Mas como é difícil conseguir ambas, é muito mais seguro ser temido que amado, se só se puder ser uma delas. Porque dos homens pode dizer-se isto em geral: que são ingratos, volúveis, dissimulados, avessos ao perigo e ávidos do ganho. E enquanto trabalhas para o seu bem, como já disse, são todos teus, oferecem-te o sangue, os bens, a vida e os filhos, quando a necessidade deles é remota; mas quando ela se aproxima, voltam-se contra ti. E o príncipe que, contando com a sua palavra, não se tenha preparado de outra forma, está perdido. Porque as amizades conquistadas pelo dinheiro e não pela grandeza e nobreza de alma são merecidas, mas não garantidas, e, na altura necessária, não podemos valer-nos delas. Os homens hesitam menos em ofender quem se faça temer, porque o amor é mantido por um laço de obrigação que os homens, por serem patifes, rompem quando lhes convém; mas o temor é mantido pelo medo da punição, que nunca te abandona".

* * * * *

COMENTÁRIO

Na passagem acima reproduzida, Plutarco situa-nos nos derradeiros momentos da vida de Dario, o imperador persa e adversário de Alexandre. Para

Alexandre, Dario constituía o seu rival por excelência e a presa mais apetecida. O texto de Plutarco sugere que os objectivos de Alexandre ultrapassam a mera conquista de território. Alexandre ambiciona a vitória e a demonstração de superioridade, até física, perante o arqui-rival. A prossecução destes objectivos, motivada por um desejo intenso, implica grandes sacrifícios expressos na perseguição "penosa e longa". É neste contexto de grande adversidade e carência que vemos emergir um gesto – dir-se-ia até uma encenação – assaz significativo, o qual fornece o mote para uma primeira abordagem do nosso tema: a liderança.

Plutarco descreve a chegada de alguns Macedónios transportando água potável preciosa, e relata um interessante diálogo com o seu chefe, Alexandre. Recuperemos alguns elementos cruciais deste episódio para compreendermos a relevância deste momento. Estamos na hora em que o calor mais aperta e no decurso de uma viagem em que a maioria sucumbiu à fadiga e à falta de água. Os súbditos oferecem a Alexandre a mesma água que visava saciar a sede dos seus filhos. Eles preferem o bem--estar do seu líder à salvação dos próprios filhos. Ao ligarem irremediavelmente o seu destino à sorte do líder, os súbditos demonstram uma total dedicação à sua pessoa. O retrato pode parecer exageradamente irreal, mas o que nos interessa é analisar o gesto ou a reacção de Alexandre.

O nosso líder Alexandre sabe que tem todos os "olhos fitos nele". Sabe que é sobre a sua pessoa, os seus actos e palavras, que incidem todos os olhares. Este enfoque na pessoa do líder por parte dos subordinados, que o coloca no centro do universo referencial de todos eles, constitui para o primeiro um espaço de oportunidade e uma fonte de responsabilidade.

Constitui um espaço de oportunidade. Para quê? Para a exibição de uma conduta típica de um líder. De modo mais particular, Alexandre sente a necessidade de engrandecer os seus actos e "os cavaleiros, ao testemunharem a moderação e a magnanimidade de Alexandre, gritaram-lhe, em tom guerreiro, que os conduzisse com toda a confiança, e começaram a acicatar os cavalos". Plutarco sugere que o testemunho da conduta grandiosa do líder reforça ou confirma a liderança de Alexandre junto dos seus subordinados, que Alexandre está consciente desse encadeamento e sabe que tem de agir em conformidade.

Porém, como foi dito, a posição central do líder determina uma responsabilidade específica. Ele sabe que tem de mostrar que participa no sacrifício comum imposto pela tarefa a realizar. Ele sabe que não se pode isentar do confronto com o peso e as agruras do desafio que se enfrenta. Por isso, negligencia o seu próprio bem-estar e comunga das dificuldades dos seus subordinados. Alexandre consente em partilhar os esforços e custos da empresa, e fá-lo explícita e publicamente.

É imperativo atestar que o gozo pessoal do bem mais urgente não é mais importante do que a relação com os subordinados. Mas convém advertir que o objectivo orientador de Alexandre não é tanto o aprofundamento dessa relação, nem sequer a procura da intimidade, mas algo que ultrapassa a relação referida. O objectivo último é sempre a derrota de Dario, pois o líder não confunde prioridades. Mas para a realização dos seus objectivos, ele necessita da cooperação dos outros. Este aspecto reveste-se de extrema importância. Pois importa destrinçar o necessário envolvimento do líder com o grupo e a finalidade que justifica toda a empresa. A partilha de esforços e dificuldades indica a disponibilidade do líder para a dedicação à tarefa em mãos, e não para o aprofundamento sentimental das suas relações. O objectivo da demonstração pública de "moderação" está para além do conteúdo da relação com os subordinados.

Retomemos a leitura do texto. Os propósitos motivadores de Alexandre parecem concretizar-se de imediato. O gesto teve os seus efeitos: os subordinados já não se "consideravam inteiramente mortais", o "ardor era o mesmo em todos" e lançaram-se furiosamente para o acampamento do inimigo. Para eles tudo seria possível "enquanto tivessem por chefe um tal rei". O efeito da motivação descrito por Plutarco é de tal forma arrebatador que, no ataque ao acampamento inimigo, os soldados negligenciaram todo um oásis de riquezas no meio de um deserto de carência. Note-se que a narrativa de Plutarco coloca ao dispor de homens, que até há pouco padeciam de uma condição de indigência extrema, a possibilidade de apropriação pessoal de um conjunto de tesouros extraordinários. Pois bem, tudo é desprezado em detrimento do objectivo último definido pelo líder.

Mas é precisamente quando esperamos que os acontecimentos prossigam num sentido uniforme e quase pré-determinado que o historiador grego nos surpreende. Dario, afinal, já estava moribundo. O que quer isto dizer? Alexandre, recorde-se, pretendia confrontar e derrotar *pessoalmente* Dario. Esse era, se não o único, pelo menos o objectivo principal. Ora, o estado de Dario indica que Alexandre não poderá realizar integralmente o seu propósito. A que se deveu tal frustração?

É difícil responder com certeza absoluta. Mas podemos avançar o seguinte: não será que a inflamação provocada pelo exemplo do líder conduziu a uma sobreestimação das qualidades dos próprios subordinados? E que essa sobreestimação teve como consequência a precipitação dos acontecimentos não desejada pelo líder? Assim sendo, a manifestação de grandeza levada a cabo por Alexandre produziu um efeito de contágio emocional necessário, mas não controlável.

No texto tudo indica que a aniquilamento precoce e não planeado de Dario se deveu ao descontrolo mencionado. Alguém excedeu o alcance das suas ordens. Então, cabe perguntar: o que correu mal? Também aqui o nosso autor não nos desilude. Em associação com o necessário efeito motivador, reparemos como os subordinados "já nem se consideravam inteiramente mortais". Ou seja, em certa medida, o contágio emocional propiciado pelo exemplo do líder criou a ilusão de paridade entre os subordinados e o líder. Presumiram eles que poderiam assumir grande parte da iniciativa. Resultado: o objectivo do líder não é realizado plenamente.

Que conclusões provisórias podem ser recolhidas desta pequena reflexão? Em primeiro lugar, o líder sabe sempre que todos os olhares dos subordinados recaem sobre si. Correlativamente, o comportamento do líder tem sempre impacto sobre o comportamento dos subordinados. Nisto gera-se um espaço de oportunidade e de responsabilidade no qual o líder se manifesta enquanto tal, isto é, exibe e consolida a sua presença dirigente. Mas Plutarco dá-nos mais. Sabemos também que a energia, a determinação e a dinâmica do líder são comunicáveis, o que quer dizer *partilháveis*. Contudo, esta transmissão de energia mobilizadora comporta riscos, e riscos potencialmente graves que podem ser resumidos da seguinte forma: a ilusão de uma partilha de qualidades de liderança. Ora, estas *não são partilháveis*. As consequências estão à vista. Os subordinados (pelo menos alguns) assumiram para si uma iniciativa despropositada. Não dizemos que aos subordinados não deva ser atribuída uma esfera relativamente vasta de iniciativa individual. Se aos subordinados cabe uma iniciativa de certo alcance, nós não o sabemos pelo texto. Nisto, ele é omisso. Todavia, é explícito num ponto: muita cautela com a iniciativa exacerbada.

Mudando de texto, mudamos de contexto. Acompanhemos agora Maquiavel na descrição dessa figura sinistra do Renascimento italiano que foi César Bórgia durante a edificação do seu império malogrado. Neste texto quase telegráfico, mas imensamente provocador e subversivo, Maquiavel elege como líder um homem extremamente ambicioso e capaz de recorrer a meios duvidosos para alcançar os seus fins. Para melhor ilustrar como a relação de liderança é sempre uma relação interpessoal de superioridade/inferioridade, o autor florentino introduz na sua narrativa uma outra personagem:

Remirro de Orco. Que papel desempenha neste texto Remirro de Orco? De acordo com Maquiavel, ele é uma ferramenta com forma humana. Não se trata de um fantoche ou de uma marioneta. Remirro revela a sua competência, dir-se-ia até a sua extrema competência. Mas o seu zelo extremoso está inteiramente ao serviço dos desígnios do líder, isto é, de César Bórgia.

Que espécie de líder é apresentado por Maquiavel? Todo o líder deseja adquirir um domínio, ou seja, um espaço de acção onde possa imprimir o seu cunho pessoal. Neste intento supõe-se uma tarefa absolutamente prioritária. Na verdade, essa tarefa assume-se como condição necessária de todas as tarefas ulteriores. Falamos da imposição de ordem, de tornar a Romanha "pacífica e obediente ao braço régio".

Mas o que envolve para Maquiavel a necessária imposição de ordem? Em primeiro lugar, a imposição de ordem é sempre a "pacificação" de um estado anterior de conflito e violência. Segundo o nosso autor, a violência só pode ser confrontada com uma acção que não pode prescindir de certos recursos violentos. Por sua vez, isso implica que a acção pacificadora acarreta custos para o líder. Os destinatários dessa acção reagem ao uso rigoroso de recursos violentos com o ódio pelo responsável máximo. Este aspecto pode parecer algo exagerado, pode soar a "caricatura maquiavélica". No entanto, sugere uma consideração pouco atendida, a saber, a relação entre líder e subordinado(s) parece conter uma dimensão em que a inimizade surge pelo menos potencialmente. Há tarefas, das quais o líder não se pode isentar, que são naturalmente suscitadoras de aversões várias, entre as quais não se pode excluir o ódio.

É verdade, estamos a "carregar as tintas". Contudo, se o fazemos é com o intuito de sublinhar um factor hipotético – mas não completamente irrealista – de tensão entre líder e subordinado(s). O aviso está dado: o líder nunca pode ser odiado. No entanto, a acção da liderança, em não raras ocasiões, gera sentimentos de aversão extrema. Falamos por paradoxos? Vejamos como agiu César Bórgia.

Ele sabe que não pode ser odiado; é a sua posição de autoridade que está em causa. Ele sabe que a satisfação do seu desejo de domínio implica um conjunto de tarefas que acarretam o ódio. A solução para este problema tem um nome: Remirro de Orco. Passamos a explicar. Aquela ferramenta competente tem por função desviar o ódio da pessoa do líder. Claro que Remirro não está consciente de que esta é uma das suas funções. É por isso que ele é uma *ferramenta*. Remirro é enviado para a Romanha; com extrema eficácia, pacifica-a; tal como o líder antecipou, ele depressa se torna odioso aos olhos dos habitantes da Romanha. O aspecto violento da liderança é associado publicamente a um rosto que não é o do verdadeiro líder.

Mas a história não termina aqui. De seguida, o leitor é confrontado com uma descrição espectacular de um castigo especialmente cru e grotesco. "E aproveitando uma ocasião, certa manhã, em Cesena, [César Bórgia] mandou-o cortar em dois no meio praça; com um cepo e uma faca ensaguentada ao seu lado". Violência gratuita? Essa seria uma visão pobre, típica de um "maquiavelismo vulgar", para invocar uma expressão muito cara a Raymond Aron. O que poderá estar por detrás de um castigo tão atroz? Raciocinemos a partir dos elementos precedentes. Remirro de Orco é uma *ferramenta* ao serviço do líder, que se torna odiosa por ser eficaz. O líder não quer ser odiado; logo, o colaborador próximo é simultaneamente aliado e ameaça. A sua punição pública serve o propósito de expurgação do ódio que poderia recair sobre o líder.

Ao castigar o autor aparente de tudo o que despertou o ódio, o líder aparece aos olhos do povo como um justiceiro. Consegue, assim, realizar o seu primeiro objectivo: afastar de si a faceta odiosa da liderança. O que ele procura agora é a cooperação dos subordinados. A princípio, o líder oculta-se porque sabe que os custos da imposição da ordem se repercutem sobre a disponibilidade para a obediência que os subordinados lhe devem. Em seguida, apercebe-se de que uma relação *segura* e *estável* entre líder e subordinados implica a eliminação dos elementos (quer actuais, quer potenciais) perturbadores dessa relação. Atente-se, agora, na reacção popular: "A ferocidade daquele espectáculo deixou o povo satisfeito e estupefacto". O povo ficou satisfeito, compreende-se. Mas ficou também "estupefacto", pois assistiu a algo inesperado. Porém, a estupefacção não se esgota na surpresa. É que o povo compreende que o momento do castigo é também o momento de retoma da iniciativa pelo líder, e que essa afirmação de iniciativa é realizada da forma mais feroz possível. Será esta encenação uma idiossincrasia de Maquiavel? Por um momento, regressemos ao texto de Plutarco.

Reparemos como Besso, que representa uma das causas de frustração dos objectivos do líder, é também sujeito por Alexandre a um castigo terrível: "[Alexandre] fê-lo esquartejar da forma seguinte: mandou curvar à força, de forma a encontrarem-se num ponto, duas árvores direitas, e amarrar a cada uma delas uma parte do corpo; em seguida mandou soltar as duas, a fim de que, ao endireitarem-se com violência, cada uma delas arrastasse a parte do corpo que lhe estava ligada". Também Alexandre compreende que o líder nunca perde a iniciativa;

quando a perde, tem de recuperá-la rápida e explicitamente, com a maior publicidade possível.

Resumindo, o retrato da liderança que nos é oferecido por Plutarco e Maquiavel permite assinalar inequivocamente as seguintes conclusões. Com Plutarco aprendemos que o comportamento do líder tem sempre impacto sobre o comportamento dos subordinados. Cautela adicional é exigida por esta percepção. Impõe-se uma gestão cuidadosa da relação líder/subordinado(s). É que a energia do líder é comunicável, mas as suas qualidades de liderança não. Maquiavel ensina que o líder jamais pode ser odiado. É por isso que não pode ser totalmente transparente. Também é legítimo inferir a partir de Maquiavel que o líder tem de ser surpreendente.

Não se trata porém de uma mera coincidência o facto de ambas as narrativas terminarem com um castigo memorável. A iniciativa nunca pode ser perdida e, nos momentos decisivos, o líder assume para si a exclusiva responsabilidade do empreendimento, no sentido mais abrangente da palavra. É que na realidade a rivalidade na liderança não pode ser tolerada.

Em certo sentido, o gesto punitivo em ambos os textos revela ainda como é impossível e indesejável erradicar por completo o temor em favor de outro tipo de "laço de obrigação". No entanto, que fique bem entendido: a necessária cooperação dos subordinados requer, sem dúvida, uma motivação assente em recursos que não o medo. Eis a "energia" comunicada por Alexandre. A "energia" mobilizadora pressupõe a admiração, o respeito e o carácter exemplar do líder. Porém, como vimos, mobilização não implica proximidade, nem co-responsibilidade. É na salvaguarda desta distância que o medo ocupa o seu lugar. A referência ao medo parece ser deslocada tendo em atenção o contexto das nossas empresas. Mas no que se refere a Plutarco e Maquiavel parece que o líder tem de criar no subordinado um temor reverente. Alexandre e César Bórgia são terríveis castigadores. E no último texto de Maquiavel este problema aparece com uma nova sistematização. Perante a alternativa de ser amado ou ser temido, Maquiavel propõe o ser temido. Porquê? Segundo o diplomata florentino, uma relação baseada no amor coloca o amado na dependência daquele que ama, ao passo que uma relação baseada no medo concede toda a independência àquele que é receado. "Os homens hesitam menos em ofender quem se faça temer, porque o amor é mantido por um laço de obrigação que os homens, por serem patifes, rompem quando lhes convém; mas o temor é mantido pelo medo da punição, que nunca te abandona". Ademais, a primeira relação supõe e cultiva a proximidade e a igualdade; a segunda, indica a distância e distinção.

Agora que nos aproximamos do final deste primeiro capítulo é necessário reconhecer que a nossa exposição focou, no essencial, uma dimensão unilateral da acção do líder. A perspectiva adoptada concentrou-se sobre a figura isolada de um quadro complexo. Se o exame da arte empresarial se limitasse a este tópico, a única ideia que os autores deste livro transmitiriam seria apenas uma caricatura da acção dirigente e um entendimento parcial do carácter global de qualquer actividade colectiva funcional e eficaz. Como veremos mais adiante, temas como o empenho, a ordem ou a cooperação exigem todo um conjunto mais amplo de referências teóricas e práticas.

A ênfase dada neste capítulo à figura do líder e ao predomínio da sua acção foi ditada, não por razões substantivas, antes por exigências metodológicas. O líder ocupa, é certo, um lugar cimeiro na organização, mas a sua acção inscreve-se numa teia complexa de relações humanas e de imperativos organizacionais. Contudo, esta análise focalizada permitiu-nos apreender alguns componentes fundamentais para a compreensão mais apurada de uma figura central da dinâmica empresarial. Com Plutarco e Maquiavel acedemos ao carácter mais profundo e peculiar da acção dirigente. A nossa viagem de descoberta começa com estes dois grandes autores. Mas está longe de se circunscrever, quer ao seu estilo arrebatador e apologético, quer ao tema da liderança aqui analisado.

O Efeito Jobs[1]

O mercado da informática, tanto ao nível do *hardware*, como do *software*, não seria o que é hoje sem o aparecimento da empresa *Apple Computer*. Mas é impossível falar da *Apple* sem falar do seu co-fundador, Steve Jobs. Com 21 anos apenas Steve Jobs criou a *Apple*, juntamente com Steve Wozniak, na garagem da sua família.

Jobs personificava a clareza de visão, a determinação na perseguição do objectivo, o carisma, numa palavra, resumia as qualidades de liderança e tal era manifesto aos olhos dos seus colaboradores. Veja-se, por exemplo, o que disse John Sculley, CEO da *Apple*, a propósito da sua primeira reunião com Jobs: "Quando atravessei o edifício da *Macintosh* com Steve, tornou-se evidente que ele não era apenas mais um director-geral a receber um visitante para conhecer um grupo de empregados. Ele e muitos outros líderes da *Apple* não eram de todo gestores;

---

[1] Elaborado a partir de CONGER, Jay A. *The Charismatic Leader. Behind the Mystique of Exceptional Leadership*, São Francisco, Jossey-Bass Publishers, 1989.

eram empresários. (...) À semelhança de um director de companhia de ópera, o empresário tem de lidar astutamente com o temperamento criativo dos artistas. Por vezes ele pode instruí-los porque sabe que a criatividade é um processo de aprendizagem, não um processo de gestão. Outras vezes, pode repreendê-los porque sabe que a criatividade requer um compromisso exigente. O empresário tem de ser alternadamente duro e elogioso para com a sua gente. No mundo da arte, ele assegura que o cenário e o palco são adequados à produção de uma obra-prima, o seu dom consiste em combinar ideias poderosas com o desempenho dos seus artistas. Na *Apple*, reunimos uma companhia de artistas; construímos a infra-estrutura de cenógrafos e seus auxiliares, e um elenco secundário; elogiamos o desempenho dos nossos artistas, os quais muitas vezes emergem como estrelas. (...) Fazer com que as pessoas se superem a si próprias é saber gerir a criatividade".

Um outro subordinado refere-se de forma muito peculiar a Jobs: "Queremos ser como o nosso líder – trata-se de uma veneração pelo herói. Quando olhamos para o nosso chefe perguntamo-nos: «Porque é que eu não fiz aquilo com tanto brilho?» Nós veneramo-lo devido ao modo como ele faz o que é comum de uma maneira incomum. Queremos ser capazes de agir assim – é criativo. Quero ser como o meu ídolo, de modo a agir como ele, por minha iniciativa. Temos uma necessidade básica de aprender com ele. Eu queria aprender. Eu também queria ser um bom líder carismático".

E Jobs não deixava os seus créditos por mãos alheias. Ele promovia a visibilidade da sua figura e dos seus actos, tendo em vista a galvanização e motivação dos seus colaboradores, em torno dos seus projectos. O seu carisma era particularmente transmitido na sua expressão verbal, nos seus discursos, conversas e reuniões. Num dos discursos mais referenciados no mundo da informática, durante a década de 80, e que tinha por objectivo apresentar o novo computador pessoal *Macintosh*, que visava responder ao mais recente desafio colocado pela *IBM*, Steve Jobs encenou a sua intervenção com muito cuidado. De início, Jobs subiu ao palco com uma pose agressiva, sorrindo. Subitamente, o seu rosto foi projectado num ecrã gigante. No seu discurso, Jobs apresentou uma versão resumida e muito particular da história da tecnologia informática, atacando sempre a grande rival *IBM*. Jobs concluiu a sua apresentação identificando a *Apple* com "a última força de liberdade" no mercado dos computadores. A sua mensagem foi clara: "combatam a *IBM* até ao último computador ou rendam-se às forças do mal". Para quem estava familiarizado com a publicidade da *Macintosh*, que recorria a símbolos da obra *1984* de Orwell, não foi difícil perceber o artifício de Jobs. A "Big Blue" *IBM* estava a ser identificada com o *Big Brother* de Orwell, e portanto com as forças do mal. Mas nesta noite do ano de 1984, Jobs utilizou a sua própria face, projectando-a num ecrã gigante, para substituir o terrível rosto do *Big Brother/Big Blue IBM*. Jobs utilizou a sua pessoa, incorporou em si o projecto, e atribuiu a este um carácter épico. Por este meio, Jobs pretendeu assumir para si a liderança de uma luta titânica, e electrizar o seu público.

Jobs sempre percebeu que o seu exemplo e a sua exposição aos olhos dos seus subordinados constituíam uma fonte de energia crucial para o desempenho da empresa. O efeito que a sua personalidade tinha sobre os seus colaboradores desencadeava tentativas de emulação. A quantidade de histórias (algumas reais, outras talvez não tanto) atesta o carácter contagiante da sua personalidade. Se Steve Jobs foi capaz de distinguir sagazmente o que deveria e o que não deveria ser transmitido a partir do seu exemplo, das suas palavras e dos seus actos, é mais difícil de aferir. Mas este problema, como vimos, ocupa um lugar central nos dilemas que caracterizam a forma de liderança carismática.

CAPÍTULO II

Visão Estratégica

Júlio César (101 a.C-44 a.C.) é uma das personagens mais famosas da história universal. Nascido no seio de uma antiga família patrícia, e sobrinho de Mário – o qual protagonizou um terrível conflito com Sila, e que constituiu um dos marcos mais atribulados da república romana –, Júlio César estudou oratória em Rodes durante um dos seus exílios a que as lutas políticas o tinham obrigado. Questor em 68, edil em 65, pretor em 62, e, finalmente, cônsul em 59, Júlio César teve uma carreira política fulgurante. Durante a famosa conspiração de Catilina, César favoreceu a facção do rebelde, embora de forma pouco comprometida. Outra associação política, desta feita mais bem sucedida, ocorreu no ano de 60 quando se juntou, contra o partido aristocrático, a Pompeu e a Crasso para formar o primeiro triunvirato. Enquanto cônsul, César prosseguiu a sua estratégia de fazer da plebe o seu principal apoio político para assim exercer um poder pessoal tão independente quanto possível do Senado. Mas nunca separou as suas empresas militares da caminhada para o poder político. Em 49, atravessou solenemente o Rubicão e em 44 tornou-se imperador e ditador vitalício, conduzindo assim a república ancestral para a sua ruína definitiva. Morre nos idos de Março às mãos de Cássio e Bruto, em pleno Senado. Sobre Caio Júlio César, o historiador romano Salústio escreveu: "César tomara a peito trabalhar, vigiar, estar atento aos interesses dos amigos, descurando os seus, nada negar, que merecesse ser dado; para si, desejava um grande *imperium*, um exército, uma nova guerra, onde a sua *virtus* pudesse brilhar".

A Guerra das Gálias descreve a empresa militar de César durante os anos de 58-51. Nesta obra da autoria de César (embora se refira a si mesmo, como lhe era costume, na terceira pessoa), o general emerge como o conquistador triunfante que, apoiado na plebe e nas suas legiões vitoriosas, ruma ao poder absoluto em Roma. Sendo um documento histórico de valor inestimável, até por ser o único livro que registou os hábitos e costumes dos povos gauleses, *A Guerra das Gálias* narra as vitórias imemoriais das tropas romanas e como estas se conjugam no seu projecto político global. A passagem que reproduzimos insere-se no contexto da anexação da Gália. Depois da derrota dos Nérvios, segue-se uma acção de neutralização dos Atuatucos, aliados que pretenderam socorrer aquele povo.

Ralph Waldo Emerson (1803-1882) nasceu em Boston, nos EUA, numa família de pregadores protestantes. Com 14 anos apenas ingressou na Universidade de Harvard. Não se notabilizou pelo seu desempenho académico, com excepção das disciplinas de Retórica e Literatura. Ensaísta por excelência, Emerson ensinou durante alguns anos, e posteriormente dedicar-se-ia aos estudos teológicos, tendo em vista a carreira de pregador. Em 1829, Emerson foi ordenado pastor da *Second Church of Boston* e casou com Ellen Louisa Tucker. Mas em 1832 renunciaria ao seu ministério. Em 1835, publicou o primeiro livro, *Nature*. Numa das suas viagens à Europa, Emerson efectuaria em Inglaterra um conjunto de palestras que dariam origem à obra posterior, publicada em 1850, *Representative Men*. Durante a Guerra da Secessão, Emerson, não sendo um "abolicionista", favoreceria a extinção da escravatura com indemnização aos proprietários. Aproximou-se gradualmente da posição do então presidente Abraham Lincoln, segundo o qual a manutenção da União constituía o principal objectivo da guerra. Dentre os seus autores favoritos, contam-se Homero, Shakespeare, Dante, Goethe, Coleridge e Wordsworth, e do corpo da sua obra destaca-se *English Traits*, *The Conduct of Life*, *Society and Solitude* e *Letters and Social Aims*.

Representative Men é, por vezes, interpretada como apenas mais uma versão das obras de Thomas Carlyle. Os caracteres enaltecidos por Carlyle são sobre-humanos, investidos de uma missão sobrenatural cujo intuito é ensinar à humanidade o melhor curso para a sua vida. Mas, para Emerson, homens como Platão, Montaigne, Shakespeare, Goethe e Napoleão são representantes do que o espírito humano é capaz quando a humanidade escuta e cede às ordens do Espírito Superior. O "homem representativo" que escolhemos é o "homem do mundo", Napoleão. Em jeito de mini-biografia, Emerson (que apelidou as *Vidas* de Plutarco de "Bíblia para Heróis") relata ditos e feitos do general corso que durante alguns anos dominou a Europa.

Júlio César, *A Guerra das Gálias*, livro II, caps. XXX-XXXIII

XXX. "Nos primeiros tempos que se seguiram à chegada do nosso exército, fizeram frequentes saídas e travaram pequenos combates com os nossos. Depois, quando já tínhamos elevado uma circunvalação de quinze mil pés de diâmetro e numerosos redutos, mantiveram-se fechados na cidade. Quando viram que, depois de termos empurrado os manteletes e erguido um aterro, construíamos uma torre ao longe, começaram a rir-se de nós do alto da sua muralha e a cobrirem-nos de sarcasmos: «Com que finalidade se erguia uma máquina tão grande, a uma tão grande distância? Que mãos, que forças tinham estes homens, principalmente por serem de tão pequena estatura, (visto que, aos olhos da maioria dos Gauleses, a nossa pequena estatura, em comparação com a deles, é objecto de desprezo) para quererem colocar contra os seus muros uma torre tão pesada?»".

XXXI. "Mas quando a viram a abanar e a aproximar-se das suas muralhas, ficaram fortemente impressionados com este novo e estranho espectáculo e enviaram a César, para pedir paz, emissários que falaram mais ou menos da seguinte maneira: «eles não acreditavam que os Romanos fizessem a guerra sem a ajuda dos deuses, e isto porque conseguiam fazer avançar, com tanta rapidez, máquinas daquela altura, e declararam que entregavam ao seu poder as suas pessoas e os seus bens. O seu único pedido, a sua única prece, no caso de César (do qual queriam louvar a clemência e a bondade) era que ele não os despojasse das suas armas. Quase todos os seus vizinhos eram seus inimigos e invejavam o seu valor. Não se poderiam defender contra eles se entregassem as suas armas. Preferiam, caso ficassem reduzidos a um tal infortúnio, sujeitar-se a qualquer destino estabelecido pelo povo romano, do que perecer às mãos desses homens, que tinham sempre dominado»".

XXXII. "César respondeu que «a sua clemência habitual, mais que a conduta deles, o levava a deixá-los conservar a sua nação, se eles se rendessem antes do aríete tocar na muralha; mas que a rendição estava condicionada pela entrega das armas». (...) Após terem relatado aos seus a resposta de César, os emissários voltaram para dizer que se submetiam às ordens de César. Do cimo da muralha, lançaram para o fosso, que estava frente à cidade, uma tão grande quantidade de armas que os montões atingiam quase a altura da muralha e do aterro. E no entanto, como se veio a descobrir mais tarde, tinham escondido e guardado cerca de um terço na cidade. Abriram as portas e esse dia decorreu em paz".

XXXIII. "Ao cair da noite, César mandou fechar as portas e sair os seus soldados da cidade, para prevenir as violências que eles poderiam perpetrar de noite contra os habitantes. Mas estes, como nos apercebemos então, tinham combinado uma surpresa: pensaram que, após a sua rendição, as nossas portas estariam desguarnecidas ou, pelo menos, guardadas de forma mais negligente. Uns pegaram nas armas que tinham guardado e escondido, outros pegaram à pressa em escudos de casca de árvore e de vime entrançado guarnecido com peles. Depois, à terceira vigília, fizeram uma saída repentina, com todas as forças, para o lado onde a subida para os nossos entrincheiramentos era menos íngreme. Rapidamente, segundo as prescrições dadas antes por César, o alarme foi dado através de fogos. Acorremos de todas as fortificações próximas. Os inimigos, lutando num local desfavorável contra os nossos legionários que lançavam sobre eles armas de arremesso, do cimo do entrincheiramento e das torres, bateram-se com a obstinação de homens desesperados que colocam na sua coragem a sua suprema esperança de salvação. Matámos cerca de quatro mil e os restantes foram repelidos para dentro da praça. No dia seguinte, arrombámos as portas, que aliás já ninguém defendia, e os nossos legionários penetraram na cidade".

RALPH WALDO EMERSON, *Representative Men: Napoleon*

§11 "[Napoleão] nunca venceu acidentalmente, mas vencia as suas batalhas na sua cabeça antes de vencê-las no terreno".

§12 "A História está cheia, até aos nossos dias, da imbecilidade de reis e governantes. Eles constituem uma classe digna de muita pena, pois não sabem o que devem fazer. Os tecelões fazem greve em nome do pão, e o rei e os seus ministros não sabendo o que fazer, vão ao seu encontro armados com baionetas. Mas Napoleão compreendia o seu ofício. Aqui estava um homem que em cada momento e em cada emergência sabia o que fazer a seguir. É um imenso conforto e verdadeiramente refrescante para os espíritos, não só de reis, mas dos cidadãos. Poucos homens têm um depois; vivem apenas no momento, sem plano, e estão sempre no fim da sua linha, e após cada acção esperam por um impulso exterior. (...) «Os Incidentes não devem governar o método de actuação», dizia ele, «mas é o método de actuação que deve governar os incidentes». «Ser varrido por cada acontecimento é não ter sistema político absolutamente nenhum». As suas vitórias eram apenas outras tantas portas, e nunca por um momento ele perdia de vista o caminho a percorrer, mesmo no ofuscamento e no tumulto das circunstâncias presentes. Ele sabia o que fazer, e voava para o seu alvo. Ele encurtava uma linha recta para atingir o seu objectivo. (...) Ele via apenas o objecto: o obstáculo teria de ceder. (...) Seruzier, um coronel da artilharia, oferece, nas suas "Memórias Militares", o seguinte esboço de uma cena após a batalha de

Austerlitz: «No momento em que o exército russo retirava dolorosa, mas ordenadamente, através do gelo do lago, o Imperador Napoleão chegou à artilharia cavalgando a toda a velocidade: 'Perdeis tempo' gritou ele; 'disparai sobre aquelas massas; eles têm que ser engolfados: disparai sobre o gelo!' A ordem permaneceu por executar durante dez minutos. Em vão, vários oficiais e eu próprio fomos colocados na encosta de uma colina para esse efeito: mas tanto as suas balas de canhão como as minhas rolavam sobre o gelo sem quebrá-lo. Vendo isto, eu tentei um método simples para elevar os obuses ligeiros. A queda quase perpendicular dos pesados projécteis produziu o efeito desejado. O meu método foi imediatamente imitado pelas baterias adjacentes, e em pouquíssimo tempo nós enterrámos alguns milhares de russos e austríacos nas águas do lago»".

§13 "Na plenitude dos seus recursos, cada obstáculo parecia desvanecer-se. «Que não haja Alpes», disse ele; e construiu as suas estradas perfeitas, escalando por galerias aplanadas os seus mais íngremes precipícios, até a Itália estar tão aberta a Paris como qualquer outra cidade de França".

§14 "Cada vitória era uma nova arma. «O meu poder cairia, se eu não o suportasse por meio de novos feitos. A conquista fez aquilo que eu sou, e a conquista terá que me manter». Ele sentia, como todo o homem sábio, que a mesma vitalidade é tão necessária para a conservação como para a criação. Nós estamos sempre em perigo, sempre em apuros, sempre à beira da destruição e só podemos ser salvos pela invenção e pela coragem".

§16 "Antes de travar uma batalha, Bonaparte pensava pouco sobre o que deveria fazer em caso de sucesso, mas pensava longamente sobre o que deveria fazer em caso de um revés da fortuna. (...) As suas instruções ao seu secretário nas Tulherias são dignas de recordação: «Durante a noite, entrai nos meus aposentos tão raramente quanto possível. Quando receberdes algumas boas notícias, não me acordais; com tais notícias não há pressa. Mas quando tiverdes más notícias, acordai-me num ápice, pois então não haverá um momento a perder»".

§22 "(...) «Vós vedes que dois exércitos são dois corpos que se encontram e se esforçam por assustar o outro, um momento de pânico ocorre, e esse momento tem que ser aproveitado em nosso benefício. Quando um homem esteve presente em muitas acções, ele distingue esse momento sem dificuldade: é tão fácil como fazer contas de somar»".

* * * * *

COMENTÁRIO

Ao iniciarmos a nossa análise da visão estratégica, juntamo-nos, uma vez mais, a outro grande comandante militar em plena campanha. Desta feita, viajamos até à Gália na companhia das legiões romanas de Júlio César. Depois da derrota dos Nérvios, César dirige-se para nordeste rumo à cidade fortificada dos Atuatucos, aliados dos primeiros. Os Atuatucos escolhem para seu refúgio um ponto estrategicamente localizado, de difícil acesso e cujas condições naturais facilitavam a defesa da cidade. Mas nem só a natureza contribuía para a defesa desta porção de território. Tinha por único acesso uma encosta suave protegida por uma "dupla muralha muito alta e rematada por blocos de pedra muito pesados e vigas pontiagudas". César regista ainda que os Atuatucos viviam em constante conflito com os povos vizinhos.

Contemplemos a chegada do exército romano à cidade fortificada. Desde logo, o nosso general procede aos preparativos. Antes de mais, César assegura-se que detém uma posição defensivamente estável. Só em seguida se dedica aos planos de ataque. Os Romanos constroem máquinas de guerra, preparam o terreno e aguardam a conclusão das operações preparatórias. A atenção do leitor é convocada para a apreciação de duas atitudes opostas.

Analisemos, em primeiro lugar, a reacção dos Gauleses ao inimigo e aos seus preparativos. Os Gauleses demonstram um menosprezo acentuado pela acção do inimigo que se manifesta em dois comportamentos distintos. A princípio repudiam o que não é familiar, não compreendendo a finalidade de técnicas desconhecidas. De seguida, iludem-se com as primeiras percepções que retiram do adversário, e essa ilusão traduz-se no desprezo pela estatura física dos Romanos. Em suma, subestimam as capacidades do inimigo.

Mas eis que a célebre máquina de guerra romana se põe em andamento. Agora os Gauleses começam a suspeitar que o inimigo possui recursos que o conduzirão ao sucesso. Eles são surpreendidos e esta surpresa força-os a mudar de táctica: substituem o desprezo manifesto pela lisonja. Pela leitura do texto sabemos ainda que esta mudança táctica esconde um propósito dissimulado. Assim verbalizaram a sua bajulação: "«eles não acreditavam que os Romanos fizessem a guerra sem a ajuda dos deuses, e isto porque conseguiam fazer avançar, com tanta rapidez, máquinas daquela altura, e declararam que entregavam ao seu poder as suas pessoas e os seus bens»". Escusado é dizer que a lisonja visava *surpreender* os Romanos. Os Atuatucos propuseram rapidamente condições de rendição para aproveitar o efeito do que julgavam ser a eficácia da lisonja.

Vejamos agora a atitude de César. É preciso notar que em toda esta sucessão de acontecimentos relatados pelo próprio Júlio César sobressai o facto de este nunca se deixar surpreender. Logo de início, os preparativos, entre os quais se destaca o esforço de elevação da circunvalação, denotam uma disposição previdente. Em nenhum momento da narrativa César demonstra desprezo pelo inimigo. O adversário, enquanto tal, nunca pode ser desprezado. Mas como reage César à proposta dos Gauleses? O interesse da sua resposta reside, antes de mais, no seguinte: ao afirmar que aceita a rendição, ele torna bem explícito que a iniciativa é sua, e não da parte adversária. Retomando o tópico do capítulo anterior: também perante os adversários, o líder não perde a iniciativa e afirma-a inequivocamente.

Por sua vez, os Gauleses aceitam as condições de César. Afinal, isso não punha em causa aquilo que consideravam ser o seu objectivo, nem o segredo das suas intenções. Podemos resumir a conduta dos Gauleses do seguinte modo: do desprezo para a lisonja, da lisonja para uma aceitação (demasiado) rápida dos termos de César. Sem avançar na análise, é possível, desde já, registar as mudanças abruptas dos Gauleses no que diz respeito à sua relação com o inimigo. Admitamos, a dissimulação por eles intencionada é muito descuidada.

Mas a dissimulação não mora apenas no lado gaulês. Também César, como negociador de excelência, cultiva a dissimulação. César dissimula ao induzir no espírito dos Gauleses que é presa fácil do seu ardil. Tome-se como exemplo: "Ao cair da noite, César mandou fechar as portas e sair os seus soldados da cidade, para prevenir as violências que eles poderiam perpetrar de noite contra os habitantes", isto é, criou nos Gauleses a percepção de que ele, César, julgava ter a vitória assegurada e que tudo tinha terminado. É precisamente aqui que uma dimensão capital da visão estratégica se revela: esta implica o exercício constante da previsão.

O ataque traiçoeiro dos Gauleses é imediatamente frustrado pela antecipação de César. O "alarme" "dado através de fogos" obedeceu às "prescrições dadas *antes* por César". Mas são vários os sentidos que se pode atribuir à previsão associada à visão estratégica. A previsão de César está associada, por exemplo, ao conhecimento dos seus pontos fracos. O texto permite supor que César antecipa o local por onde as forças inimigas irromperão, ou seja, pelo "lado onde a subida para os nossos entrincheiramentos era menos íngreme".

A visão estratégica informa ainda a consideração das reais condições de vitória. César demonstra-o em cada instante. Na obtenção de um objectivo, a vitória nunca está completamente assegurada (*it's not over until it's over*). Bem vistas as coisas, quando o objectivo que se presumia final é alcançado, revela-se na realidade tão-somente um objectivo provisório. De acordo com os ditames da visão estratégica, as condições da vitória definitiva não podem ser nebulosas. O único indício de que a vitória é um dado concreto consiste na ausência total de resistência por parte do adversário. Sem isso, confunde-se uma etapa do caminho com a meta final. A percepção realista dos desafios exige, da parte do estratega, a pré-ocupação e a pré-visão constantes.

Como é fácil de adivinhar, os Gauleses fornecem o paradigma da ausência de visão estratégica. Na sua conduta detectamos um traço subjacente: a falsa consciência de superioridade, em particular, da superioridade da sua inteligência. Como se manifesta esta marca no planeamento da acção? Desde logo, na presunção de indecifrabilidade dos seus planos, mas também na suposição de que as suas mudanças contrastantes (do desprezo no riso ao respeito submisso) não os denunciam aos olhos do adversário. A falsa consciência de superioridade oculta a necessidade de previsão e preocupação. Neste sentido específico, o fiasco gaulês dá-nos uma lição de humildade, pondo-nos em guarda perante sentimentos de confiança excessiva.

César, enquanto estratega, elucida-nos quanto às características essenciais da visão estratégica. A capacidade estratégica é fundamentalmente capacidade de previsão. Implica consciência dos pontos fortes e dos pontos fracos, tanto dos seus, como dos outros. Ao estratega é absolutamente proibida a confiança excessiva associada ao menosprezo pelo adversário. É proibida porquanto conduz à ignorância das acções e reacções do inimigo. Pois não é difícil de concluir que a ignorância anula a capacidade de previsão. Além de tudo isto, na mente do estratega, as vitórias são sempre provisórias, a menos que se anule por completo o adversário.

Abordemos, por fim, um ponto potencialmente controverso. O estratega não pode abdicar da dissimulação. O estratega não é um visionário sonhador; é um homem de acção. Mas o texto de Júlio César coloca em confronto dois tipos distintos de dissimulação. Por um lado, a dissimulação grosseira dos Atuatucos condenada ao fracasso. Por outro, a dissimulação estratégica de César. É que a dissimulação enquanto tal deve servir dois propósitos. Em primeiro lugar, esconder o nosso "jogo". Em segundo lugar, criar no adversário a ilusão de que ele conhece o nosso "jogo" e condicionar a sua acção a esse "jogo" ilusório. Para que a dissimulação seja eficaz tem de ser integrada no *modus operandi* do estratega. Sem a consideração pelas capacidades do adversário e sem a consciência dos nossos pontos fracos, a dissimulação pode nunca atingir o grau de eficácia necessário. A nossa exigência relativamente à sofisticação e apuramento da dissimulação é proporcional à nossa percepção da dificuldade do desafio enfrentado.

Mas as nossas considerações acerca da visão estratégica só ficarão completas quando examinarmos a experiência de um outro grande estratega: Napoleão. Complementamos deste modo a nossa análise da visão estratégica convocando a figura moderna do estratega. A reflexão abrangente em torno de temas desta envergadura requer o estudo da sua versão antiga bem como da sua versão moderna. Na selecção de parágrafos retirados de *Representative Men*, procurámos sublinhar uma ideia já exposta no texto anterior. A visão estratégica implica previsão. É isso que Emerson indica no seu parágrafo 11: "[Napoleão] nunca venceu acidentalmente, mas vencia as suas batalhas na sua cabeça antes de vencê-las no terreno". A leitura do parágrafo 12 acrescenta ainda uma determinação ulterior ao fenómeno da visão estratégica. Sem tecer muitas considerações acerca da alegada "imbecilidade de reis e governantes", é importante, no entanto, notar o contraste estabelecido entre esta "classe digna de muita pena" e o Imperador Bonaparte. O primeiro traço que os distingue consiste na superior capacidade do general corso em estar sempre um passo à frente dos demais. "Poucos homens têm um depois;

vivem apenas no momento, sem plano, e estão sempre no fim da sua linha, e após cada acção esperam por um impulso exterior". Com isto, compreendemos como a visão estratégica está sempre projectada para o futuro. Esta relação incessante com o que está por vir obriga a um planeamento constante. Porquê? A citação que Emerson põe em seguida na boca de Napoleão é indicativa: "Os incidentes não devem governar o método de actuação, mas é o método de actuação que deve governar os incidentes". O objectivo do planeamento não se resume a uma mera adaptação aos acontecimentos. Visa muito mais. Trata-se de confrontar os "incidentes", domesticá-los e até vergá-los. De outro modo, a iniciativa será rendida à anarquia dos incidentes e casualidades.

Visitemos agora o famoso campo de batalha de Austerlitz, através dos olhos de um coronel de artilharia, Seruzier. O exército russo retira através do lago gelado. A vitória na batalha parece estar assegurada. Mas, contra todas as expectativas, eis que surge Napoleão a cavalgar fogosamente. Napoleão sabe aquilo que mais ninguém sabe: "a vitória nunca está completamente assegurada". Disparar contra o gelo, e *rapidamente*, era a ordem. Esta, contudo, demorou a ser executada. Nada nos permite duvidar que os subordinados escutaram em perfeitas condições a ordem do líder. Mas tiveram dificuldades em interpretá-la e executá-la. Com alguma perspicácia, Seruzier percebeu que a trajectória perpendicular dos projécteis realizaria o objectivo pretendido por Napoleão.

Que lições podemos retirar deste curto episódio? O estratega, melhor do que qualquer outro, identifica rapidamente a oportunidade e os meios genéricos para a explorar. Mas, atenção. Isso não significa que o estratega, enquanto tal, tenha necessariamente qualidades executoras. Deve, antes, saber rodear-se de subordinados que aliem às suas competências técnicas uma versatilidade que coloque essas competências ao dispor dos objectivos estratégicos. Todavia, o estratega deve contar com um inevitável hiato temporal entre a verbalização do plano estratégico e a sua assimilação por parte dos subordinados. "A ordem permaneceu por executar durante dez minutos". O estratega tem de compreender que o plano por si concebido pode não ser *imediatamente* assimilado. Este problema pode ser abordado segundo duas perspectivas diferentes, embora complementares: a novidade do plano proposto gera uma certa perplexidade naqueles a quem cabe a tarefa de o executar; e, uma vez discernidos claramente os objectivos estratégicos, podem ainda surgir dificuldades no que diz respeito aos meios mais eficazes para a concretização do plano visionado.

Recuperemos algo que foi dito anteriormente. Dissemos que o estratega é capaz de identificar os meios *genéricos* para a execução do seu plano. Dissemos ainda que deveria rodear-se de subordinados competentes e versáteis. Acrescentemos agora uma outra característica essencial. Na sua perspectiva, nenhum obstáculo é dissuasor. Este aspecto é assinalado em duas referências significativas. "Ele encurtava uma linha recta para atingir o seu objectivo. (...) Ele via apenas o objecto: o obstáculo teria de ceder" (§12) "Que não haja Alpes" (§13). O estratega não é um lírico, nem um irrealista. Pelo contrário, ele está perfeitamente consciente da realidade dos obstáculos. Porém, não se deixa demover por uma presumível intransponibilidade. A sua visão estratégica contém já os meios genéricos para a superação desses obstáculos. Emerson di-lo com arte: os Alpes terão de "desaparecer". Como? "Construindo estradas perfeitas, escalando por galerias aplanadas os seus mais íngremes precipícios".

O conjunto de ditos de Napoleão apresentado por Emerson revela uma outra dimensão surpreendentemente actual, principalmente no que diz respeito ao empreendedorismo e à acção estratégica. Falamos aqui do tópico por demais evocado na literatura especializada: a inovação. Qual a relação entre a visão estratégica e a inovação? Certamente que se trata de uma relação complexa. Foquemos então apenas um aspecto dessa relação, tal como aparece no exemplo de Napoleão: "Ele sentia, como todo o homem sábio, que a mesma vitalidade é tão necessária para a conservação como para a criação. Nós estamos sempre em perigo, sempre em apuros, sempre à beira da destruição e só podemos ser salvos pela invenção e pela coragem". Deixemos de lado, por ora, a virtude da coragem, dado que será objecto de estudo ulterior.

A pressão para a inovação é conjugada com a ameaça do perigo. Isto é: não corresponde a uma genuína visão estratégica um plano que não conceba a ameaça constante. Será o estratega um paranóico? De modo algum. Ele está consciente de que vive e age num mundo extremamente competitivo, em permanente mudança, que lhe impõe desafios sempre novos, e que resiste à concretização do seu projecto. Como reage Napoleão a esta pressão? "'O meu poder cairia se eu não o suportasse por meio de novos feitos'". Comenta Emerson: "Só podemos ser salvos pela invenção". Numa linguagem mais contemporânea, somente a inovação permite superar a ameaça. Por outras palavras, uma visão realmente estratégica conta sempre com o pior. É daí que emerge a pressão para a inovação, já que só a inovação permite a superação da ameaça. Para Napoleão, enfrentar a ameaça assume prioridade sobre a celebração do sucesso. Essa prioridade está bem expressa nas instruções que Napoleão deixa ao seu secretário nas Tulherias: "Quando receberdes algumas boas notícias, não me acordais; com tais notícias não há pressa. Mas quando tiverdes más notícias, acordai-me num ápice, pois então não haverá um momento a perder". Podemos concluir a partir deste último contributo que Napoleão encarna uma certa atitude perante os desafios. A percepção da presença da ameaça funciona como um despertador de todos os nossos sentidos e faculdades; obriga-nos à vigilância constante, à ponderação de múltiplas respostas aos acontecimentos e habitua-nos ao "estado de prontidão". Em contrapartida, a fruição do sucesso tende a fomentar uma disposição em tudo contrária ao estado de alerta permanente que distingue o estratega. Por estas últimas razões não vale a pena perder o sono, nem perturbar o repouso de Napoleão.

Falta apenas referir mais um ponto de crucial importância para a visão estratégica. Atente o leitor ao último parágrafo por nós seleccionado. Aí, Napoleão elege um momento singular, que é também o momento decisivo, durante uma batalha. Deixemos o leitor com a seguinte questão. A identificação do momento decisivo para a vitória num confronto é para o estratega "tão fácil como fazer contas de somar". Porquê? Pelo menos uma parte da resposta está contida no texto: a experiência concreta ou prática dos desafios contribui para o apuramento desta capacidade. Ora, este ponto põe-nos em guarda relativamente a uma certa ideia de estratega. Como já tivemos oportunidade de reflectir, o estratega não se limita a ser um planeador de bastidores. Ele precisa de experiência e de subir ao palco da acção. Todas as qualidades associadas à visão estratégica pressupõem, na realidade, o contacto com a acção. O planeamento estratégico não é elaborado num vazio; resulta também da incorporação de um *saber-fazer* que, por sua vez, não se ensina, mas adquire-se no turbilhão da actividade.

A riqueza da reflexão em torno das figuras de César e Napoleão é suficientemente expressiva para tornar supérfluas considerações gerais. Preferimos deixar ao leitor a possibilidade de efectuar os seus próprios juízos. O leitor, consoante a sua experiência, sentir-se-á mais atraído por certos aspectos aqui focados e menos por outros. Contudo, não podemos terminar este capítulo sem salientar um último elemento da visão estratégica, e que se encontra, curiosamente ou não, em ambos os exemplos invocados. A visão estratégica implica a consciência tanto das oportunidades, como das ameaças. Implica também a consciência dos seus próprios pontos fortes e pontos fracos, assim como das vantagens comparativas e das debilidades dos seus adversários. Em suma, o estratega é o homem que não pode arriscar a dissonância com a realidade que o rodeia, e que se estende aos seus concorrentes, nem iludir-se quanto às suas capacidades.

O Motor da Inovação[2]

Poucas empresas deixaram uma marca tão forte no mundo industrial como a *Ford*. Henry Ford, o seu fundador, nasceu em 1863 em Dearborn, no Michigan. Com 16 anos, Ford foi para Detroit e começou a trabalhar como aprendiz de mecânico. Mais tarde, em 1903, e após duas tentativas fracassadas de estabelecer a sua empresa, Henry Ford iniciou a sua carreira na *Ford Motor Corporation* como vice-presidente e engenheiro principal. No início, a empresa produzia poucos automóveis por dia. Mas em 1908, Ford apresentou o famoso Modelo T, que seria produzido durante quase duas décadas. Entre as suas inovações mais significativas contam-se a introdução da primeira linha de montagem (1913) e a instituição de um salário mínimo diário de 5 dólares. Apesar de ter exibido um estilo de gestão normalmente considerado autoritário, e de ter recor-

---

[2] Elaborado a partir de FORD, Henry. *Minha Vida e Minha Obra*, trad. port. Monteiro Lobato, S. Paulo, Companhia Editora Nacional, 1926, pp. 63-65. A pontuação e a ortografia foram actualizadas pelos autores.

rido a métodos duvidosos nas suas relações com os accionistas e com os sindicatos, Ford permanece como uma referência do empresário inovador e a personificação da visão estratégica.

Ao narrar o desenvolvimento da *Ford Motor Company* no seu livro *Minha Vida e Minha Obra*, Henry Ford chega ao momento que considera crucial para o sucesso da sua empresa, referindo o afastamento em relação aos métodos tradicionais de produção e apresentando a sua disposição para feitos mais ambiciosos e notáveis. Deixêmo-lo com as suas palavras:

"Até então havíamos seguido os processos usuais da indústria. O nosso automóvel era menos complicado que os outros e não tínhamos capital externo na empresa. Salvos esses dois pontos, pouca diferença havia entre a nossa e as outras companhias. Talvez um certo rigor no princípio de ganhar todos os descontos, inverter todos os lucros no negócio e dispor de grandes saldos líquidos. Concorríamos às corridas, fazíamos propaganda e procurávamos vender o mais possível. Além da simplicidade do carro, a nossa principal particularidade consistia em não nos dedicarmos ao automobilismo de recreio. O nosso carro era tão agradável como qualquer outro, mas evitávamos acrescentar-lhe superfluidades. Poderíamos, entretanto, sob encomenda, construir um automóvel aparatoso por bom preço, e executávamos adaptações especiais que certos clientes pediam. Em suma, éramos uma empresa próspera. Podíamos cruzar os braços e dizer: eis-nos chegados. Contentemo-nos em conservar o adquirido.

Houve de facto alguma tendência para isso, e certos accionistas alarmaram-se quando alcançámos a produção de cem carros por dia. Quiseram tomar medidas que me impedissem de arruinar a empresa e perderam o norte quando lhes disse que cem carros eram nada, pois esperava em breve chegar a mil. Estiveram quase a invocar contra mim a acção dos tribunais. Se eu me deixasse levar, teria conservado a empresa naquele ponto, empregado o nosso dinheiro na construção de um belo edifício administrativo, promovendo acordos com os concorrentes perigosos, tentando, de tempos em tempos, fabricar novos modelos com que despertar o gosto do público, fixando-me assim na categoria de um pacato e respeitável cidadão, gerente de um não menos respeitável e pacato negócio.

É natural a tentação de repousar e gozar aquilo que se adquiriu. Compreendo perfeitamente que se troque uma vida de trabalho por uma vida de repouso. Embora nunca sentisse esse desejo, compreendo-o perfeitamente. Mas acho que quem quer repousar deve retirar-se completamente dos negócios, e não, o que é frequente, aposentar-se e continuar a dirigi-los.

Nos meus planos, porém, não estavam tais ideias. Eu considerava a vitória apenas como incentivo para novas realizações, como ponto de partida de uma actividade realmente útil. O plano do modelo universal durante todo esse tempo não deixou de preocupar-me. Já estavam verificadas as simpatias do público por este ou aquele tipo. Os carros em uso, as corridas, as provas de durabilidade forneciam-nos preciosas indicações relativas aos aperfeiçoamentos necessários e a partir de 1905 já eu tinha uma ideia clara de como havia de ser o carro universal. Só faltava o material que me permitisse fazê-lo a um tempo sólido e leve. Foi o acaso que me o ofereceu.

Assistia em 1905 a uma corrida em Palm Beach. Deu-se um grave desastre, onde se espatifou um carro francês. O nosso modelo K de seis cilindros tomava parte na prova. Notei que os carros estrangeiros tinham peças menores e melhores que os nossos. Após o desastre recolhi um fragmento de válvula, de um material leve e resistente. Ninguém me soube explicar o que era e ante a impossibilidade de qualquer esclarecimento entreguei o estilhaço a um auxiliar, dizendo-lhe:

– Descubra que metal é este. É o que precisamos para os nossos carros".

CAPÍTULO III

Persuasão

Segundo várias opiniões avisadas, Platão (427 a.C.--347 a.C.) foi o maior filósofo da história da Europa. Filho de uma família de linhagem respeitável, Platão nasceu na cidade-Estado de Atenas durante o período mais glorioso, e não menos conturbado, da sua existência. Discípulo de Sócrates – a quem não hesitava chamar o homem mais justo do seu tempo –, Platão escreveu todas as suas obras sob a forma de diálogo, na maioria das quais o seu mestre figura como interlocutor. Depois da morte de Sócrates, que deixou no autor uma marca indelével, Platão viajou pelo mundo mediterrânico. Entre as viagens mais relatadas, destacam-se as suas deslocações a Siracusa, onde privou com o(s) famoso(s) tirano(s) Dionísio(s). Este convívio fomentou, até aos nossos dias, muita especulação em torno das pretensões da filosofia ao poder. Independentemente das interpretações conflituantes sobre os projectos políticos de Platão, o facto é que fundou a Academia, uma escola de estudos superiores localizada perto de

Atenas e que providenciava formação nas áreas da matemática, filosofia e estudos políticos. Aristóteles seria um dos alunos mais distintos da Academia.

Neste capítulo são citados dois diálogos: *Sofista* e *Banquete*. No primeiro, o elenco das personagens é retomado a partir do *Teeteto*, ao qual se junta um visitante de Eléia que se empenha em caracterizar três tipos de homem: o sofista, o político e o filósofo. Trata-se de um tema central no pensamento platónico. Começando pela descrição do sofista, e depois de estabelecer um conjunto de dicotomias, a arte sofística é associada à aquisição de animais domésticos terrestres. Sob o pretexto da educação, e visando dinheiro e reputação, o sofista dedica-se à caça de homens.

Já o *Banquete* constitui uma das obras mais emblemáticas e poéticas de Platão. O cenário da narrativa feita por Apolodoro é a casa de Agatão, onde se festeja o prémio que este recebeu pela sua primeira tragédia. Os convivas proferem vários discursos que têm por objecto o elogio de *Eros*. Dentre os discursos, destacam-se os de Aristófanes e o de Sócrates, inspirado no ensinamento de Diotima. Nesse discurso, Sócrates apresenta *Eros* como o intermediário entre o belo e o feio, o mortal e o imortal, culminando numa reflexão sobre o papel do desejo erótico de imortalidade. O excerto que escolhemos situa o diálogo no momento posterior à entrada do inefável

Alcibíades. Embriagado, este dirige-se aos interlocutores para descrever os efeitos produzidos na sua vida pelo contacto que manteve com Sócrates. As palavras de Alcibíades são extremamente elogiosas: nota a sua bravura em combate, bem como a profundidade da sua alma. Contudo, nota também o carácter encantador ou sedutor de Sócrates.

É impossível numa introdução deste género entrar no complexo tema da "questão joanina", a qual versa sobre o problema da datação, redacção, fontes e autoria do quarto Evangelho, o último a ser admitido no cânone do Novo Testamento. Saltando, pois, por cima do problema de saber se o autor do texto foi, ou não, o apóstolo S. João, filho de Zebedeu, ou como é que a uniformidade de estilo pode ser compaginável com a atestada utilização de diversas fontes, o certo é que o quarto Evangelho aparece como um texto em larga medida independente dos Evangelhos sinópticos (Mateus, Marcos, Lucas). O estilo e forma de narração, a escolha e formulação dos temas, a estrutura, a ordem e o idioma são bastante peculiares e distintos, chegando mesmo a apresentar factos em conflito e contradição com os sinópticos. Pensa-se, hoje em dia, que isto se deve, não tanto à utilização de uma tradição distinta e independente, como ao singular propósito teológico que anima este Evangelho, isto é, o esboço da figura majestosa do portador escatológico da revelação e salvação, bem como o anúncio da glória do Verbo que habitou entre os homens.

A passagem citada apresenta um episódio particular da viagem de retorno de Jesus da Judeia para a Galileia. No contacto com a samaritana, Jesus manifesta-se como o salvador do mundo. Toda a estrutura da passagem 4:1-42 é conduzida no sentido de uma gradual auto-revelação de Jesus como o Messias, mostrando como o impacto da revelação se processa em crescendo. É preciso sublinhar, no entanto, que o propósito do autor não se centra nos métodos pastorais e pedagógicos através dos quais a samaritana é influenciada. Revelação e progresso aprofundado da fé são os seus temas dominantes e o objecto central do diálogo. A leitura a que sujeitámos o texto aponta para um conteúdo significativo que, não estando ausente, também não pode pretender esgotar o significado mais profundo destes versículos.

PLATÃO, *Sofista*, 222b-d

"Visitante: Existem dois tipos principais de coisas para caçar em terra.
Teeteto: Quais são?
Visitante: Coisas domesticadas e coisas selvagens.

Teeteto: Mas alguém caça animais domesticados?
Visitante: Sim, se o homem for considerado um animal domesticado. Mas se quiseres podes dizer que não há animais domesticados, ou, se eles existem, o homem não pode ser assim encarado; ou podes ainda dizer que o homem é um animal domesticado, mas que não é caçado. Tu dirás qual destas alternativas preferes afirmar.
Teeteto: Eu diria, Visitante, que o homem é um animal domesticado, e admito que ele é caçado.
Visitante: Então dividamos a caça de animais domesticados em duas partes.
Teeteto: Como faremos essa divisão?
Visitante: Definamos a pirataria, o rapto, a tirania, a par de toda a arte militar, como caça com violência.
Teeteto: Muito bem.
Visitante: Mas a arte da oratória forense, da oratória popular, e a arte da conversação podem ser chamadas, numa palavra, arte da persuasão.
Teeteto: É verdade".

Evangelho segundo São João, 4: 4-16, 27-30.

"Chegou, pois, a uma cidade da Samaria, chamada Sicar, perto do terreno que Jacob tinha dado ao seu filho José. Ficava ali o poço de Jacob. Então Jesus, cansado da caminhada, sentou-se, sem mais, na borda do poço. Era por volta do meio-dia.

Entretanto, chegou certa mulher samaritana para tirar água. Disse-lhe Jesus: «Dá-me de beber.» Os seus discípulos tinham ido à cidade comprar alimentos. Disse-lhe então a samaritana: «Como é que Tu, sendo judeu, me pedes de beber a mim que sou samaritana?» É que os judeus não se dão bem com os samaritanos. Respondeu-lhe Jesus: «Se conhecesses o dom que Deus tem para dar e quem te diz: 'dá-me de beber', tu é que lhe pedirias, e Ele havia de dar-te água viva!»

Disse-lhe a mulher: «Senhor, não tens sequer um balde e o poço é fundo... Onde consegues, então, a água viva? Porventura és mais do que o nosso patriarca Jacob, que nos deu este poço donde beberam ele, os seus filhos e os seus rebanhos?» Replicou-lhe Jesus: «Todo aquele que bebe desta água voltará a ter sede; mas quem beber da água que Eu lhe der, nunca mais terá sede: a água que Eu lhe der há-de tornar-se nele em fonte de água viva que dá para a vida eterna.»

Disse-lhe a mulher: «Senhor, dá-me dessa água, para eu não ter sede, nem ter de vir cá tirá-la.» Respondeu-lhe Jesus: «Vai, chama o teu marido e volta cá.» A mulher retorquiu-lhe: «Eu não tenho marido.» Declarou-lhe Jesus: «Disseste bem: 'não tenho marido', pois tiveste cinco e o que tens agora não é teu marido. Nisto falaste verdade.» Disse-lhe a mulher: «Senhor, vejo que és um profeta!» (...)

(...) Nisto chegaram os seus discípulos e ficaram admirados de Ele estar a falar com uma mulher. Mas nenhum perguntou: 'Que procuras?', ou: 'De que estás a falar com ela?' Então a mulher deixou o seu cântaro, foi à cidade e disse àquela gente: «Eia! Vinde ver um homem que me disse tudo o que eu fiz! Não será Ele o Messias?» Eles saíram da cidade e foram ter com Jesus".

PLATÃO, *Banquete*, 215d-216c

"Alcibíades: Pelo menos, se nos acontece ouvirmos os discursos de qualquer outro homem, até mesmo de um orador de renome, nenhum de nós, por assim dizer, se sente no mínimo afectado. Mas se são as tuas palavras que escutamos ou alguém que as reproduz – por mais insignificante que seja aquele que as diz – todos nós, mulheres, homens, adolescentes, ao escutá-las, todos somos sacudidos até ao íntimo e possuídos por elas. Pelo menos no que me diz respeito, meus senhores, podia jurar-vos, se não corresse o risco de passar por embriagado de todo, a emoção que causavam e causam, ainda hoje, as palavras deste homem. Sempre que o ouço, o coração bate-me com mais força ainda que o dos Coribantes, as lágrimas caem-me sob o efeito das suas palavras, e esta emoção vejo que não sou o único a sofrê-la, mas inúmeras pessoas também.

Quando ouvia Péricles e outros oradores ilustres, a minha opinião sobre o seu talento era, sem dúvida, favorável. Mas nada sentia que se comparasse, nem a alma se me agitava e revoltava por jazer em semelhante escravidão; entretanto, por obra e graça deste Mársias que aqui vêem, muitas vezes cheguei a um tal estado que me parecia impossível continuar a levar a vida que levava. Não podes dizer, Sócrates, que isto não é verdade. Tenho a certeza de que sentiria o mesmo neste mesmo momento, e que não lhe resistiria, se lhe desse ouvidos. Pois ele força-me a admitir que, apesar de ter tantas imperfeições, eu descuro-me ao dedicar-me aos assuntos políticos de Atenas. Por isso recuso-me a escutá-lo, cerrando os meus ouvidos como se fugisse das Sereias, e afasto-me dele não vá eu ficar ali mesmo, sentado à sua beira, à espera que a velhice chegue.

Sócrates é o único homem no mundo junto de quem me acontece o que talvez em mim se julgasse impossível – sentir vergonha perante qualquer um. Efectivamente, só na presença dele me envergonho, e eis porquê: ele força-me a admitir que não posso ignorar o dever de fazer o que ele me convida a fazer, mas assim que me afasto da sua companhia eu capitulo perante o meu desejo de cair nas boas graças da multidão. Por isso fujo, como um escravo, ao jugo deste amo e sempre que o vejo me envergonho das minhas promessas passadas. Muitas vezes, mesmo, desejaria não o encontrar já no número dos vivos. E todavia, se tal sucedesse, estou certo de que o meu tormento seria bem mais profundo, de modo que não sei o que fazer deste homem".

* * * * *

COMENTÁRIO

O tema da persuasão é, pela sua natureza, muito particular. A atenção à sua especificidade obrigou os autores deste livro a optar por uma ligeira alteração na estrutura expositiva e no género de raciocínio desenvolvido. Tentaremos neste capítulo reproduzir, tanto quanto possível, a dinâmica própria da arte da persuasão. Ao designá-la como "arte", deixamos transparecer que possui uma certa ambiguidade nos fins que pretende atingir, ambiguidade essa que se manifesta no primeiro dos textos seleccionados. Contudo, não queremos deixar a arte da persuasão entregue a essa ambiguidade. Como todas as actividades humanas, ela é dirigida por um propósito específico. Assim que se vislumbra que propósito é esse, torna-se também possível descortinar os traços gerais que a caracterizam enquanto arte, e enquanto acção humana, permitindo, deste modo, dissipar (pelo menos em parte) a ambiguidade referida.

Arrumadas as considerações metodológicas, passemos ao que mais interessa. Comecemos pela leitura do pequeno trecho do diálogo platónico *Sofista*. Tal como em tantos outros momentos da obra platónica, também aqui é proposta uma imagem que nos mergulha na maior das perplexidades. Afinal, não é estranha a alusão à caça de animais domésticos? Mais, como se explica que seja possível haver caça com violência e caça sem violência? De acordo com o diálogo, a resposta a ambas as perguntas é relativamente simples. Sim, existem animais domesticados que são caçados; e, sim, existe uma actividade que pode ser descrita como uma caça sem violência. Os homens são esses animais domesticados, e a persuasão consiste na arte de caçá-los sem violência. Por outras palavras, aquele que persuade é um caçador de homens. Note-se que a expressão caçador de homens não tem nenhuma conotação moral negativa (nem positiva). A conotação negativa está só associada a práticas como a "pirataria", o "rapto" e a "tirania", isto é, à caça com violência. Todavia, quem persuade, quem caça homens, não recorre à força violenta. À razão da força, ele contrapõe a força da razão. Ora, esta última força não implica violência, nem imposição áspera.

Porém, com este texto quedamo-nos apenas pelos traços formais da arte da persuasão. Nada é possível dizer acerca dos seus fins. A ambiguidade permanece. Contudo, não podemos ignorar o facto de o persuasor ser um caçador de homens. É preciso, pois, a partir deste entendimento, aperfeiçoá-lo. Isso significa que é necessário determinar com mais rigor os conteúdos que limitam esta ambiguidade.

Tendo em vista este problema potencialmente embaraçoso, nada nos parece mais adequado do que recorrer a dois mestres inesquecíveis da arte da persuasão: Sócrates de Atenas e Jesus de Nazaré. O nosso embaraço, porém, não desaparece, antes se agrava. Pois estes grandes mestres nada escreveram; antes deixaram que os seus discípulos escrevessem por si. Entre tantos outros sinais distintivos, o olhar de ambos exerceu um fascínio indelével sobre todos os que com eles contactaram. Por várias ordens de razões, e que variam conforme se trate de um ou de outro, o acesso primeiro às suas personalidades provém de textos escritos por outros que os incluem como protagonistas.

Propomos os seguintes textos. Em primeiro lugar, alguns trechos do capítulo 4 do Evangelho de S. João. Em segundo lugar, um excerto do *Banquete*, de Platão, que nos apresenta a descrição, feita por Alcibíades, do efeito que sobre si tiveram a pessoa e as palavras de Sócrates. Permitam-nos que sublinhemos, desde logo, a beleza extraordinária do diálogo levado a cabo entre Jesus e uma mulher samaritana, bem como a elegância e subtileza que marcam toda a narrativa. Antes de passarmos ao comentário propriamente dito, não podemos deixar de alertar o leitor para a enorme amplitude de significado que as passagens contidas em ambos os textos comportam. O seu sentido último transcende largamente os objectivos deste capítulo. A leitura que propomos visa apenas salientar certos aspectos particulares, especialmente ilustrativos da arte da persuasão. São, de facto, muitas as coisas que, por meio desta análise despretensiosa, não serão objecto da nossa atenção explícita.

Mesmo quando se reduz a abrangência destes textos ao intuito de compreender melhor a arte da persuasão, várias perspectivas de análise são possíveis. Avançamos da seguinte forma: procuramos detectar os sucessivos passos que o persuasor percorre ao longo da sua abordagem à "vítima".

Optamos por seguir o texto do autor do Evangelho de S. João, que, por sinal, revela um diálogo marcado pela resistência decidida ao simples estabelecimento de contacto. Jesus não tem pela frente uma interlocutora dócil. E as circunstâncias que enquadram o protagonista deste diálogo também não são propícias ao desenvolvimento da comunicação. Jesus está só, cansado, sob o peso do sol do meio dia. Por acréscimo, ele é um rabi e ela uma mulher; e, como a samaritana reconhece, e o Evangelista ajuda a perceber, ele é judeu e ela é samaritana. Como encetar, nestas condições, um primeiro contacto?

Em condições adversas, parece não haver alternativa ao posicionamento de igualdade entre os interlocutores. Para uma simples troca de pontos de vista os interlocutores têm de se reconhecer como iguais. De outro modo, não se prestam a escutar. Mas ainda assim será esta igualdade uma relação suficiente para iniciar o contacto com alguém que se prevê não ser um interlocutor fácil? O texto aponta para a simulação de inferioridade por parte de Jesus. Aqui, quem pretende persuadir começa por manifestar uma carência. Jesus tem sede. Jesus pede de beber. A simulação de inferioridade caracteriza também a arte persuasiva de Sócrates. Apesar de isso não estar presente nos textos de Platão aqui transcritos, é interessante verificar como perante muitos dos seus interlocutores Sócrates começava por exibir a sua tão famosa ironia. Ora, a ironia socrática pretendia também, entre outras coisas, induzir o interlocutor a considerar Sócrates como um não sabedor, e, portanto, a colocá-lo numa posição de inferioridade.

A simulação de inferioridade é tão-só simulação; o persuasor não se humilha. Numa linguagem mais coloquial, dir-se-ia que o persuasor "entra por debaixo", mas não se "rebaixa". Todavia, não se pode excluir deste primeiro momento de contacto uma certa atitude de desafio. À atitude desafiadora junta-se a omissão do propósito final da conversação. O primeiro contacto ainda não é o momento adequado para se expor tudo o que o persuasor pretende. Visa-se apenas obter a abertura do interlocutor.

Visto o primeiro passo, passemos à segunda fase da persuasão. Uma vez estabelecido o contacto, o persuasor terá de pôr cobro à rebeldia (ou resistência) do seu interlocutor. Para tal, tem de levar o outro a reconhecer as suas limitações, ignorância, defeitos, lacunas e carências. A samaritana revela relutância em se deixar tocar por duas ocasiões: "'Como é que Tu, sendo judeu, me pedes de beber a mim que sou samaritana?'" e "'Senhor, não tens sequer um balde e o poço é fundo... Onde consegues, então, a água viva? Porventura és mais do que o nosso patriarca Jacob, que nos deu este poço donde beberam ele, os seus filhos e os seus rebanhos?'". Como se põe cobro ao estado de rebeldia? Uma vez mais, o exemplo de Sócrates ajuda-nos a encontrar uma resposta. Numa outra obra de Platão, *Ménon*, o efeito causado por Sócrates é descrito da seguinte forma: "E agora, ao que vejo, estás a enganar-me, com os teus truques, a enfeitiçar-me e até a pronunciar-me palavrinhas completamente mágicas, a tal ponto que me puseste a cabeça cheia da mais perplexa dúvida" (80a). Quer isto dizer que o persuasor tem de conduzir o seu interlocutor ao reconhecimento da falência das suas convicções, de levá-lo de uma suposta noção de auto-suficiência à detecção de necessidades que ele nunca anteveria. Em certo sentido, a "água viva" que Jesus promete à samaritana pretende mostrar-lhe uma lacuna que lhe passa despercebida. É assim que se procura o necessário momento de abertura ou a disponibilidade para ouvir.

No discurso de Alcibíades, relatado por Platão, assistimos também a esta dinâmica. Alcibíades admite que Sócrates, qual Mársias, e ao contrário de Péricles (um orador, mas não um persuasor), o forçou a reconhecer que tinha chegado "a um tal estado que [lhe] parecia impossível continuar a levar a vida que levava". Um pouco mais adiante, o charmoso Alcibíades manifesta que somente junto de Sócrates sente "vergonha". Porquanto Sócrates força-o a admitir o que ele não pode ignorar. Também aqui a consciência da carência é indesmentível.

Assim que é mostrada ao interlocutor uma carência ou necessidade da qual não estava consciente, é preciso concomitantemente insinuar a promessa de abundância, ou seja, de preenchimento do vazio que, nesse momento, se tornou evidente. Este é o primeiro momento daquilo a que podemos chamar "sedução", e da qual nenhum persuasor pode prescindir.

O passo seguinte, mas intimamente relacionado com o anterior, insiste ainda nesta dimensão de sedução. É que a promessa de preenchimento não pode ser vaga; tem de se dirigir a algo muito singular que fale directamente ao coração do interlocutor. Para conseguir penetrar a este grau de intimidade é preciso, no entanto, identificar e conhecer, na medida do possível, as inclinações e necessidades do persuadido. A promessa de uma "fonte de água viva" não é uma promessa geral e abstracta; na realidade, absorve as circunstâncias particulares que envolvem a vida da samaritana. Esta reconhece precisamente isso quando diz "'Senhor, dá-me dessa água, para eu não ter sede, nem ter de vir cá tirá-la'" ou quando afirma "'eu não tenho marido'".

Ao proferir a promessa que seduz, o persuasor revela também o propósito que motivou o primeiro contacto e o objectivo particular da persuasão. Trata-se efectivamente de uma revelação, de um retirar o véu que cobria as intenções do persuasor, até agora necessariamente veladas. Note-se, porém, que este passo pressupõe a eficácia da sedução. Com o desvelamento do propósito da acção persuasora aprofunda-se simultaneamente a intensidade da sedução. Porquê? No processo de persuasão, o propósito último do persuasor é comunicado *gradualmente* ao persuadido.

Por fim, resta-nos comentar o último passo. Este representa o culminar do processo de persuasão. Podemos resumir este último momento utilizando a expressão "conversão". Por assim dizer, o interlocutor, que inicialmente oferecera alguma resistência, rende-se; ele é con-vencido. Como se pode identificar o culminar bem sucedido do processo de persuasão? Muito simplesmente, quando o caçado caça para o seu caçador. Ou, recorrendo à linguagem evangélica, quando o peixe pesca para o pescador. É o que vemos acontecer com a samaritana, quando ela vai à cidade e anuncia que Jesus é o Messias.

Alguns aspectos cruciais deste momento específico do processo de persuasão são captados quando, recorrendo agora à linguagem empresarial, a motivação de um subordinado já não precisa de estímulos e promessas produzidos no decorrer do trabalho de persuasão. Quando a integração no projecto colectivo já foi assegurada, cessa a persuasão e entramos no domínio de estímulos de outra ordem. É aqui que recuperamos matérias expostas em capítulos precedentes, nomeadamente quando abordámos o tema da liderança. Liderança e persuasão são efectivamente qualidades distintas. Mas ambas cooperam, como se pode ver na produção de estímulos nucleares tendo em vista a motivação para o desempenho. Tome-se como exemplo o facto já mencionado de que os olhos dos subordinados estão sempre postos sobre o líder. Pois bem, maus exemplos podem pôr em causa o trabalho prévio de persuasão. Tudo o que se adquire durante o processo de persuasão, e a preeminência que por seu intermédio o persuasor obtém, pode estar em risco com eventuais desilusões provocadas por comportamentos inconsistentes. O risco mais concreto é a potencial desmotivação.

Depois de percorridos todos estes passos ou etapas do processo de persuasão, é conveniente notar que não falamos apenas de uma técnica vazia de finalidades humanas, nem sequer de um método para alcançar objectivos egocêntricos. Não podemos esquecer que há necessidades do persuadido que a arte da persuasão procura integrar. O persuasor *não* é um manipulador. A sedução só é eficaz porque as carências do outro são reais e porque o persuasor fornecer um horizonte adequado à sua satisfação. A verdadeira arte da persuasão não é um método ao serviço de uma qualquer vontade de poder. E embora Alcibíades conceda que está sujeito ao "jugo de um amo", não deixa de referir que o seu "tormento seria bem mais profundo" se fosse privado da presença do filósofo. Isso parece indicar que a resposta às carências e necessidades de Alcibíades emerge no contexto da sua ligação a Sócrates. A pessoa do filósofo ateniense representa uma promessa de abundância. Viver sem as suas palavras é viver mais pobre.

Numa obra que foi durante séculos um verdadeiro manual da arte da oratória – *De Oratore* –, Cícero sistematiza o que acabámos de sugerir. Diz o eloquente orador romano: "o orador retirará três efeitos, os únicos capazes de produzir a persuasão e que são: agradar, instruir e tocar" (II.xxvii.121). Ainda noutra passagem, Cícero sublinha: "Assim as regras da arte oratória apoiam-se nestes três recursos de persuasão: provar a verdade do que se afirma, conciliar a boa vontade dos ouvintes, despertar neles todas as emoções que são úteis à causa" (II.xxvii.115). Tomando em conta as duas passagens, vemos como a arte da persuasão não traduz uma técnica neutra quanto aos seus fins. Não se trata apenas de "agradar" ou "tocar"; não se trata apenas de "conciliar a boa vontade dos ouvintes" ou "despertar neles todas as emoções que são úteis à causa"; trata-se outrossim de "instruir" e "provar a verdade do que se afirma". Cícero é peremptório. Sem estes últimos efeitos não se persuade ninguém.

Mas não começámos este pequeno comentário com uma alusão à "caça de homens"? Não supõe essa imagem uma relação de domínio despótico? É verdade que a eficácia da persuasão pressupõe que o persuadido se convença de que foi ele próprio a concluir (ou a descobrir) a verdade veiculada pelo persuasor. Daí que seja necessário nesta arte manter oculta a ascendência do persuasor sobre o persuadido. O leitor pode perguntar: afinal, o persuasor domina, mas não pode dominar? Qual é, então, a natureza exacta da relação entre persuasor e persuadido, visto que o primeiro domina sem dominar? Recapitulemos: durante o processo de persuasão, o que tem de permanecer oculto é aquele aspecto traduzido na expressão "caça de homens" ou, por outras palavras, o domínio e preeminência do persuasor sobre o persuadido. Porém, isso não deve impedir o reconhecimento *tácito* de superioridade por parte do persuadido. É verdade que este reconhecimento não é imediato; ocorre numa fase mais tardia de todo o processo. Ora, esse reconhecimento só se justifica se o persuadido entender o persuasor, não como alguém que o manipula ou o instrumentaliza, mas como alguém que o "faz ver" e o orienta. O persuasor aparece aos olhos do persuadido um pouco como um farol que o ilumina, mas não determina a rota a prosseguir.

As aplicações práticas destas considerações sobre a arte da persuasão estendem-se a um universo relativamente vasto de transacções humanas. A experiência de cada um permitirá fazer adaptações mais concretas. Contudo, gostaríamos de deixar algumas propostas no que diz respeito à cooperação que o líder deve esperar dos seus subordinados. É quase um pleonasmo dizer que o líder precisa da cooperação dos seus subordinados para a execução dos seus projectos. Para obtê-la, é necessário dominar a arte da persuasão. A atitude do "quero, posso e mando", ou seja, a transmissão unilateral, impositiva e autoritária dos propósitos do líder pode gerar reacções rebeldes, e fomentar a indisciplina silenciosa. O mal-estar geral que daí resulta tem consequências negativas sobre a produtividade. A necessidade de cativar e fazer do projecto do dirigente o projecto de toda uma equipa, é assumida por todos os que dão vida a uma organização humana. A integração de um conjunto de indivíduos numa equipa dinâmica e competitiva não pode, portanto, dispensar a sedução implícita na arte da persuasão. Fazê-lo com perícia e graciosidade é o desafio que se coloca a todo aquele que assume responsabilidades directivas no seio de uma comunidade humana.

Diplomacia e Sedução em Cuba[3]

Na preparação da visita papal a Cuba em Janeiro de 1998, várias dificuldades de ordem diplomática, e não só, tiveram de ser superadas. Embora as relações entre o regime cubano e o catolicismo não estivessem tão degradadas como noutros regimes comunistas, a Igreja cubana encontrou sempre

---

[3] Elaborado a partir de WEIGEL, George. *Testemunho de Esperança. A Biografia do Papa João Paulo II*, trad. port. Sofia S. M. Marques e Maria Helena H. Temudo, Lisboa, Bertrand, 2000.

grandes dificuldades para penetrar a sociedade cubana. Vários casos de tensão entre o episcopado e o regime, e em particular com Fidel Castro, são sobejamente conhecidos ao longo de toda a década de 90.

A visita papal de 1998 teve o seu momento de gestação no dia 19 de Novembro de 1996, quando Castro foi recebido, em Roma, por João Paulo II numa audiência privada, em que o chefe de Estado cubano convidou formalmente o Pontífice romano para uma visita ao seu país. Os preparativos para a visita papal decorreram ao longo de todo o ano de 1997. Vários entraves e dificuldades permaneciam por resolver no sentido de tornar a visita um acontecimento realizável: falta de trabalhadores pastorais (dadas as dificuldades criadas à entrada de padres e freiras na ilha); problemas de acesso e colaboração com a comunicação social; articulação entre horários de trabalho e eventos agendados. Em Outubro de 1997, três meses antes da visita agendada, muitas das questões logísticas e do acesso do público aos encontros ainda estavam por resolver. Visando o desbloqueamento da situação, Joaquín Navarro-Valls, o Director da Sala de Impressa da Santa Sé, foi nomeado porta-voz papal e voou para Havana.

Antes do encontro com Castro, Navarro-Valls foi aconselhado pelos funcionários do regime a dirigir-se a Castro como "Comandante". O porta-voz da

Santa Sé recusou a instrução. Não iria aceitar os termos ideológicos do regime. Tratá-lo-ia como "Senhor Presidente", um modo de tratar Castro que era respeitoso sem ser submisso ao enquadramento ideológico. Apesar disso importa salientar a forma como principiou o diálogo entre as duas personalidades.

Castro tomou a iniciativa e de imediato, no início do encontro, perguntou: «fale-me do Papa.» De forma arguta Navarro-Valls respondeu: «Senhor Presidente, tenho inveja de si.» «Porquê?», retorquiu Castro. «Porque o Papa reza por si todos os dias, pedindo para que um homem com a sua formação possa encontrar o seu caminho para Deus.» Castro ficou em silêncio. Navarro-Valls continuou, descrevendo o dia-a-dia do Papa.

Chegado o momento de abordar a visita papal, o porta-voz do Vaticano afirmou: «Senhor Presidente, o Santo Padre vem a Cuba no dia 21 de Janeiro. Isto é um facto. Já não se trata de uma possibilidade. É do interesse de Cuba que esta visita seja um grande sucesso. Cuba devia surpreender o mundo.» Aparentemente, Castro gostou especialmente da ideia de «surpreender o mundo». Que tipo de surpresas eram essas? Vários pedidos foram endereçados por Navarro-Valls. Primeiro, o Natal de 1997 deveria ser feriado público pela primeira vez desde a Revolução. Arguiu Castro que a coincidência entre o Natal e a estação da colheita da cana-de-açúcar tornaria tal concessão extremamente difícil de realizar. Navarro-Valls respondeu: «Mas o Papa gostaria de lhe agradecer publicamente, na chegada ao Aeroporto de Havana, pela sua boa vontade...» Castro assentiu: «Mas é só este ano.» Navarro-Valls aduziu ainda: «Muito bem, o Papa ficar-lhe-á grato. No próximo ano logo se verá.»

A recusa de vistos para os padres e freiras e a redução dos horários de trabalho foram outros tópicos de conversa entre ambos. Metade dos vistos que estavam em lista de espera foram concedidos, e sobre a flexibilização do horário laboral para a assistência aos eventos Navarro-Valls perguntou: «Senhor Presidente, quantos chefes de Estado foram a Camagüey ou a Santa Clara? O seu governo está a providenciar uma cortesia oficial a um chefe de Estado, não um feriado religioso...» Castro concedeu seis horas do dia de trabalho às pessoas da região.

Joaquín Navarro-Valls recordou mais tarde que o ambiente do encontro fora agradável e com Castro a esforçar-se sempre por se mostrar um cavalheiro. A experiência de receber um Papa em Cuba era completamente nova para ele e queria fazer tudo para tornar tal visita um sucesso, tal como ambos tinham concordado no início da sua conversa. Apesar de ter sido necessário seduzir outros funcionários cubanos, no sentido de uma cooperação plena,

Navarro-Valls deixou Castro sinceramente convencido de que o "Presidente" faria tudo o que estivesse ao seu alcance para que a visita Papal fosse um "grande sucesso".

Este episódio pitoresco revela-nos pelo menos uma parte importante da estratégia eficaz de persuasão de um interlocutor reticente. É verdade que Castro não manifestava uma inflexibilidade invencível. Mas, do ponto de vista da Santa Sé, era preciso conquistar a sua boa vontade e a sua cooperação. A pose assumida por Navarro-Valls corresponde quase na perfeição à simulação de inferioridade – «tenho inveja de si». A sedução decorre em simultâneo com a revelação de uma carência no interlocutor – «É do interesse de Cuba que esta visita seja um grande sucesso» – e com o anúncio de uma promessa – «Cuba devia surpreender o mundo». E se Navarro-Valls não conseguiu "pescar" Castro (mas também não era esse o objectivo), pelo menos assegurou a sua cooperação.

CAPÍTULO IV
Autodomínio

William Shakespeare (1564-1616) é provavelmente, a par de John Milton, o maior vulto literário da história de Inglaterra. Nasceu e morreu em Stratford-upon-Avon, a poucos quilómetros de Londres. Enquanto dramaturgo, Shakespeare suplantou Christopher Marlowe – com quem chegou a travar conhecimento –, a grande referência da Inglaterra isabelina nessa forma de arte. Com peças como *Romeu e Julieta*, *Sonho de uma Noite de Verão*, *O Mercador de Veneza*, *Henrique V*, *Hamlet*, *Otelo*, *Rei Lear* e *Macbeth*, o nome de Shakespeare não demorou muito tempo a afirmar-se no panteão da literatura universal.

Em *Macbeth*, Shakespeare põe em cena alguns episódios e lendas da história da Escócia do século XI. A sua fonte principal (ou, talvez, aquela da qual não se duvida que foi efectivamente uma fonte) para a recolha do material histórico foram as *Chronicles*, de Ralph Holinshed, mas, à semelhança do que acontece noutras peças historicamente situadas, Shakespeare não foi, nem pretendeu ser, muito fiel ao cronista. Porém, no que diz respeito à cena aqui reproduzida – o diálogo entre Malcolm e Macduff –, Shakespeare seguiu, sem muitas inovações, as *Chronicles*. Como se sabe, *Macbeth* conta uma história de ambição e medo, audácia e perdição. Nas palavras de um comentador, "a peça é uma descoberta ou anatomia do mal". Macbeth, um valoroso cavaleiro, instigado pela sua mulher, assassina o rei da Escócia, Duncan, e toma o seu lugar. Malcolm e Macduff são respectivamente um dos filhos de Duncan e um dos nobres escoceses que participam na acção. Estes juntaram-se para fazer guerra ao regicida e restaurar a ordem política. É perante o cenário da derrota de Macbeth que este diálogo tem lugar.

Na obra *Leis*, Platão esboça um diálogo do qual a personagem de Sócrates está ausente. Uma das suas obras mais tardias, *Leis* é também uma das mais especificamente políticas da autoria de Platão. No decurso de uma peregrinação ao altar de Zeus em Creta, o Estrangeiro ateniense conversa com o cretense Clínias e com o espartano Megilo a propósito da fundação de uma nova colónia. Antes da construção do modelo da nova cidade, nos três primeiros livros das *Leis* procede-se à discussão sobre a constituição dos Estados dórios, a reflexões gerais sobre formas de governo e de educação e a uma revisão de episódios históricos.

O passo que aqui citamos surge no início da obra, no qual se aborda explicitamente as leis de Creta e Esparta, em particular a ênfase que dão à virtude da coragem. A discussão decorre da proposição segundo a qual o conflito é nota dominante da relação entre as cidades, aldeias, famílias e indivíduos. A questão para a qual o Estrangeiro ateniense conduz o debate consiste na divisão clássica do homem consigo mesmo e na possibilidade da sua melhor parte dominar a pior. Esta é a forma escolhida para introduzir a virtude da temperança na discussão.

As colónias inglesas na América declararam a sua independência do Império Britânico no dia 4 de Julho de 1776. No entanto, a experiência constitucional que se seguiu – a Confederação – depressa revelou as suas insuficiências. Por isso, em 1787 foi proposta uma nova Constituição aos 13 Estados americanos. No Estado de Nova Iorque, o debate em torno da ratificação daquela que viria a ser a Constituição dos Estados Unidos da América foi particularmente aceso. Tendo em vista persuadir a opinião pública desse Estado, Alexander Hamilton (1755-1804) reuniu os esforços de James Madison (1751-1836) e de John Jay (1745-1829) para produzir um conjunto de artigos a ser publicado em jornais nova-iorquinos, em que se defenderia o projecto constitucional nas suas várias vertentes. Um total de 85 artigos seria eventualmente publicado sob o pseudónimo de *Publius*, e a sua compilação ficaria conhecida por *Federalist Papers*.

Neste capítulo extraímos uma passagem de um dos mais influentes desses artigos. James Madison foi o seu autor. Foi aí que avançou uma analogia entre as paixões da alma humana e as facções ou partidos no Estado. Se o problema radical das democracias antigas consistiu, de acordo com Madison, na sua incapacidade de controlar os efeitos destrutivos do choque entre as facções, então cabia à nova "República" popular apresentar um meio de lidar com esse aspecto inerente ao governo da liberdade.

Se tivéssemos de escolher o elemento principal do grupo de homens responsável pela formulação da Constituição americana que está ainda em vigor, essa escolha teria de recair sobre James Madison. Contando apenas 36 anos de idade em 1787, Madison tinha já um currículo político notável. Concluiria a sua folha de serviços na mais alta magistratura: Madison foi o 4.º Presidente dos EUA.

Francis Bacon (1561-1626) nasceu e morreu em Londres. Sem Bacon, a história da ciência moderna teria sido muito diferente. Muitos dizem que a par de Galileu e de Descartes, Francis Bacon foi uma das personalidades mais importantes na formação do espírito científico moderno. Mas os interesses intelectuais e práticos de Bacon conheciam poucos limites.

O trabalho intelectual de Bacon foi decisivo para a fundação do pensamento moderno. Desde a metafísica até à epistemologia, da história à política, o contributo de Bacon depressa fez escola. Em particular, Bacon seria uma das figuras centrais na história da formação do método científico moderno. Várias das suas obras merecem registo: *Novum Organum*, *De Augmentis*, *De Sapientia Veterum* e *Essays* são apenas algumas delas. *The Advancement of Learning* é, na realidade, uma versão de *De Augmentis*. Em ambas as obras Bacon lança as bases de uma nova abordagem ao problema do conhecimento, do método, da relação entre a religião e a ciência e da relação entre o homem e o mundo. Muitas das teses que os autores modernos desenvolveriam acerca das paixões e do lugar da razão na conduta humana aparecem já em Bacon em forma embrionária.

Em homenagem ao impulso decisivo que Bacon dera ao espírito científico, postumamente circulou uma versão da causa da sua morte. Dizia-se que Bacon se constipara ao fazer uma experiência, a qual consistia em encher com neve o corpo de uma galinha morta para verificar se o frio tinha qualidades conservadoras. A constipação degenerara numa pneumonia e Bacon não resistiu. Pagara com a sua vida os custos da investigação e do conhecimento.

William Shakespeare, *Macbeth*, Acto IV, Cena III

"Malcolm: (...) Mas, apesar de tudo isso, quando esmagar a cabeça do Tirano, ou a erguer na ponta da espada, terá a minha pobre Pátria ainda mais vícios do que tinha antes, mais sofrimentos e misérias do que nunca sob o reino daquele que lhe suceder.

MacDuff: E quem será esse?

Malcolm: É de mim próprio que falo, de mim em que conheço tantos vícios que, quando libertos, o negro Macbeth parecerá tão puro como a neve, e o pobre Estado o tomará como um cordeiro, se o comparar com as minhas infinitas malfeitorias.

Macduff: Nem das legiões do horrível Inferno poderá vir demónio mais danado do que Macbeth.

Malcolm: Sei que ele é sanguinário, libidinoso, avarento, falso, desonesto, violento, mau, pejado de todos os pecados que se podem nomear. Mas não tem fundo a minha libertinagem. As vossas esposas, as vossas filhas, as vossas mães de família, as vossas virgens não conseguiriam encher a cisterna da minha lascívia, e o meu desejo ultrapassaria todos os impedimentos que opusessem à minha vontade. É melhor Macbeth que um tal Rei.

Macduff: A intemperança ilimitada da Natureza é uma tirania. Tem feito com que muitos tronos fiquem prematuramente desocupados e que muitos Reis tenham caído. Mas não tenhais medo de imputar-vos aquilo que vosso é. Podeis satisfazer os vossos desejos livremente e, contudo, parecer frio. Podeis enganar o mundo e há bastantes damas condescendentes. Não há, decerto, em vós um abutre capaz de devorar tudo o que se ofereça à vossa grandeza quando se conhecer esse vosso pendor.

Malcolm: Mas juntamente com isso vive nos meus desordenados desejos uma tal avareza que, se fosse Rei decapitaria os Nobres para lhes roubar as terras, cobiçaria as jóias deste e a casa daquele, e, quanto mais tivesse, seria como um caldo que me faria ainda mais fome e seria capaz de forjar disputas injustas contra os bons e os leais, destruindo-o; para lhes ficar com as riquezas.

Macduff: Essa avareza apunhala mais profundamente e gera raízes mais perniciosas do que a lascívia que pouco dura. Ela foi a espada que matou muitos dos nossos Reis. Contudo, nada receeis, pois a Escócia tem abundância que chega para satisfazer os vossos desejos sem que necessiteis do que a outros pertence. Tudo isso é suportável contrabalançado com as vossas virtudes.

Malcolm: Mas nenhuma tenho. As virtudes que convêm aos Reis, como justiça, verdade, sobriedade, firmeza, bondade, perseverança, clemência, humildade, devoção, paciência, coragem e magnanimidade não me agradam, mas sou rico em todos os aspectos de vícios actuando de muitas maneiras. Sim!

Se eu tivesse esse poder vazaria no Inferno o doce mel da concórdia, perturbaria a paz universal e lançaria na confusão toda a unidade da Terra.
Macduff: Oh, Escócia, Escócia!
Malcolm: Se um homem assim foi feito para governar, falai! Eu sou como vos disse.
Macduff: Feito para governar? Não, nem para viver. (...)"

PLATÃO, *Leis*, 626b-e

"Ateniense: Mas explica-me este ponto de forma mais precisa: a definição que deste de um Estado bem governado parece-me exigir que a sua organização deva ser de modo a assegurar a vitória sobre os outros Estados. Correcto?
Clínias: Claro, e penso que o nosso companheiro apoia a minha definição.
Mégilo: Meu caro senhor, que outra resposta poderia ser dada por um espartano?
Ateniense: Mas se isto é o critério recto para a relação entre os Estados, o que dizer das aldeias? O critério é diferente?
Clínias: Claro que não.
Ateniense: É o mesmo, então?
Clínias: Sim.
Ateniense: Então, e acerca das relações entre as diferentes famílias na aldeia? E entre indivíduos? Também isto é verdade?

Clínias: Também isto é verdade.

Ateniense: E nas relações do homem consigo mesmo, deve ele entender-se a si próprio como seu inimigo?

Clínias: Muito bem, meu amigo ateniense (...) Tornaste o argumento mais claro ao expressá-lo na sua forma mais elementar. Verás que é mais fácil ver que aquilo que afirmámos há pouco é correcto: não só toda a gente é inimiga de toda a gente, mas cada homem combate uma guerra privada contra si mesmo.

Ateniense: Surpreendes-me, meu amigo. O que queres dizer?

Clínias: Isto é, a primeira e a melhor das vitórias que um homem ganha é sobre si próprio. Por outro lado, cair vítima de si próprio é o pior e a coisa mais chocante que pode ser imaginada".

JAMES MADISON, *Federalist n°10*, 22 de Novembro de 1781.

"(...) É verdade que, num simples reexame da nossa situação, descobriremos que algumas das nossas aflições que nos esmagam foram erradamente imputadas à operação dos nossos governos; mas descobriremos, ao mesmo tempo, que outras causas não explicam por si só muitas das nossas mais pesadas desditas (...) Isto deve ser principalmente, se não totalmente, o efeito da instabilidade e injustiça com que um espírito faccioso tingiu as nossas administrações públicas.

Por facção entendo um determinado número de cidadãos, quer constituam uma maioria ou uma minoria face ao todo, que são unidos e animados por algum impulso comum de paixão, ou de interesse, adverso aos direitos dos outros cidadãos, ou aos interesses permanentes e globais da comunidade.

Existem dois métodos para remediar os males das facções: um, eliminar as suas causas; outro controlar os seus efeitos.

Por sua vez, existem dois métodos de eliminar as causas das facções: um destruindo a liberdade que é essencial para a existência delas; outro dando a cada cidadão as mesmas opiniões, as mesmas paixões e os mesmos interesses.

Do primeiro remédio, nada mais verdadeiro se pode afirmar do que ser ele pior que a doença. A liberdade está para as facções como o ar está para o fogo, um alimento sem o qual ele instantaneamente se extingue. Mas não seria menor loucura abolir a liberdade, porque alimenta as facções, do que desejar a supressão do ar, que é essencial à vida animal, só porque ele dá ao fogo a sua capacidade destruidora.

O segundo recurso é tão impraticável como o primeiro seria insensato. Enquanto a razão humana continuar a ser falível e o homem tiver liberdade de exercê-la, formar-se-ão diferentes opiniões. Enquanto subsistir a conexão entre a razão e o seu amor-próprio, as suas opiniões e as suas paixões influenciar-se-ão reciprocamente umas às outras; e as primeiras serão objectos aos quais as últimas se afeiçoarão. (...)

(...) A inferência a que somos conduzidos é a de que as causas da facção não podem ser eliminadas; e que o lenitivo só pode ser procurado nos meios para controlar os efeitos".

FRANCIS BACON, *The Advancement of Learning*, II.xxii.6

"(...) Como, diria eu, se deve utilizar uma paixão contra a outra, fazer com que uma domine a outra, tal como para caçar utilizamos a besta contra a besta, e para voar pássaro com pássaro. É sob este princípio que se sustenta o excelente uso de *praemium* [recompensas] e *poena* [castigos], em que consistem os Estados: empregando as paixões predominantes do medo e da esperança, com vista à supressão e repressão de todas as outras. Pois tal como no governo dos Estados também no governo interior é, por vezes, necessário reprimir uma facção com outra."

* * * * *

COMENTÁRIO

O autodomínio não figura por regra entre as qualidades mencionadas nos manuais de gestão. Mas, como estes textos indicam, esta qualidade é imprescindível para o desempenho de actividades que envolvam uma certa estruturação do esforço colectivo. Enquanto qualidade, o autodomínio emerge como traço indispensável quer estejamos a falar do domínio político, quer do domínio empresarial, no sentido mais lato da palavra. Três destes textos abordam o tema de um ponto de vista especificamente político. Se sairmos da órbita dos manuais, e entrarmos no mundo fascinante das grandes obras, reparamos que o autodomínio é mais do que uma qualidade indispensável para a moral individual. O autodomínio preserva uma posição central nas qualidades humanas necessárias para a sustentação de uma comunidade política.

Comecemos por analisar os dois primeiros textos. Em ambos, o leitor é alertado para os perigos que decorrem da ausência de autodomínio. Porque é tão perigosa esta falta? Enquadremos esta reflexão a partir de mais uma imagem sugestiva proposta por Platão, o homem como inimigo de si próprio, e acompanhemo-lo nesta forma de raciocínio analógico. Parece ser possível estabelecer uma analogia entre o combate de agrupamentos humanos e o combate que o homem trava consigo mesmo. Mas que ideia estranha é esta que coloca o homem como inimigo de si próprio? O que quer isto dizer? O que quer dizer uma "guerra privada" consigo próprio? O que quer dizer "vencer-se a si mesmo"? Estas referências tipicamente platónicas sugerem que a alma humana é constituída por diversas partes bem distintas. O conflito interior resulta do facto de nem sempre existir harmonia entre essas partes. O conflito mais expressivo ocorre na dissensão entre a razão ou parte racional (*logistikon*) e os desejos ou parte apetitiva (*epithymetikon*). Este é, de acordo com uma longa tradição do pensamento ocidental, o conflito mais essencial da vida humana. O seu primeiro efeito nefasto consiste na divisão da pessoa contra si própria. A vida no singular é, neste contexto, caracterizada pela sedição e insurreição interior. Nestas condições, o que significa a "vitória sobre si mesmo"? Afinal, quer a parte racional, quer a parte apetitiva, são constitutivas do mesmo homem. Para Platão, as condições de vitória são simples: a razão deve dominar os desejos. De acordo com a sua visão hierárquica da alma, a parte racional possui uma dignidade e um valor superiores ao estatuto dos desejos. E nós não nos afastamos muito desta proposta, dado que valorizamos mais as acções que supõem o exercício desta faculdade. A acção deliberada, intencionada, planeada, ponderada, é para todas as pessoas sãs preferível à obediência cega e escrava aos desejos. A rendição a esta sujeição é, nas palavras de Platão, "cair vítima de si próprio", e isso "é o pior e a coisa mais chocante que pode ser imaginada".

O tipo humano que melhor corresponde à obediência incondicional aos desejos mais selvagens é a figura do tirano. Esta tese nem é especificamente platónica, como podemos verificar no texto de Shakespeare. O diálogo entre Malcolm e MacDuff permite-nos abordar este tema e introduzir novas perspectivas de análise. O retrato esboçado por Malcolm de um típico intemperante falho em autodomínio, é verdadeiramente assustador. Não se trata apenas da simples ausência de uma qualidade entre outras. A ausência de autodomínio é sumamente grave, acima de tudo por deixar à solta todos os outros vícios e defeitos. É o que Malcolm afirma quando diz: "é de mim próprio que falo, de mim em que conheço tantos vícios que, quando libertos, o negro Macbeth parecerá tão puro como a neve, e o pobre Estado o tomará como um cordeiro, se o comparar com as minhas infinitas malfeitorias".

E o que dizer quando a intemperança se apodera, não do homem do comum, mas do líder, isto é, quando este não domina os seus desejos? Segundo Malcolm, os efeitos redobram em gravidade. As consequências *políticas* estão bem à vista pela deixa de

Malcolm. Quando libertos ou descontrolados, os desejos constituem-se como monstros de mil e uma cabeças e a "pátria" nunca é suficientemente rica para satisfazer as ânsias de um líder sem autodomínio – a "cisterna" da "lascívia" de Malcolm não tem fundo. Assim, a ausência de autodomínio pode pôr em causa a autoridade legítima, na medida em que a discórdia, o conflito e o desregramento geral, são os seus efeitos necessários – "a intemperança ilimitada" "tem feito com que muitos tronos fiquem prematuramente desocupados e que muitos Reis tenham caído" e vaza "no Inferno o doce mel da concórdia".

Podemos, portanto, assumir que o critério da boa ordem política no Estado seja a capacidade de vencer os seus combates interiores. Ainda em termos políticos, constata-se que um vício individual tem repercussões sobre o tecido social. Assim, o governante sem autodomínio não só não se realiza a si próprio, como não serve a comunidade que tem ao seu cuidado. Quando Malcolm desafia MacDuff a pronunciar-se sobre a compatibilidade entre o vício que aqui tratamos e as supostas qualidades dirigentes, este responde peremptoriamente: "Feito para governar? Não, nem para viver".

Perante quadro tão negro, será possível apresentar algumas soluções para a ausência de autodomínio? Tomemos como primeira hipótese a sugestão de

MacDuff. "Podeis satisfazer os vossos desejos livremente e, contudo, parecer frio. Podeis enganar o mundo e há bastantes damas condescendentes". Por outras palavras, será possível dissimular ou ocultar a ausência de autodomínio? Se a resposta for afirmativa, então a incompatibilidade entre a ausência de autodomínio e as qualidades dirigentes pode ser resolvida por recurso à arte da dissimulação. Neste caso, a solução do problema é mais simples do que se supunha e o próprio problema perde grande parte da sua pertinência. É claro que esta resposta pressupõe que há limites para o apetite dos desejos – "Não há, decerto, em vós um abutre capaz de devorar tudo o que se ofereça à vossa grandeza". Ora, essa suposição é negada ainda por Malcolm, quando adverte que a ausência de autodomínio pode chegar a extremos insuportáveis, e que, portanto, é impossível escondê-la.

Uma outra solução possível passaria pela compensação da intemperança por recurso a outras virtudes, algo que também é sugerido por MacDuff. A dificuldade intrínseca desta última solução reside no facto de a intemperança inclinar a disposição individual para o território do(s) vício(s). O homem intemperante afasta-se dos caminhos da virtude – estas não lhe "agradam" – porquanto todas as suas inclinações conduzem-no às vielas obscuras dos desejos ilegítimos. Por isso, quanto mais vazia de virtude está a alma intemperante, mas enfastiada de virtude se sente.

Antes de procurarmos outras perspectivas noutras fontes, sistematizemos as conclusões provisórias que se retiram destes textos. A ausência de autodomínio acentua o desenvolvimento dos vícios pessoais, em todos os níveis da hierarquia, com prejuízo do desempenho individual e colectivo na empresa. Daqui extraímos os malefícios prováveis: a destruição da autoridade legítima e o colapso das bases de sustentação da cooperação. Podemos ainda acrescentar que os desejos não controlados têm um carácter demasiado egoísta, isto é, acarretam um desempenho excessivamente centrado sobre si próprio. O indivíduo intemperante quer, acima de tudo, satisfazer os seus desejos, e esta inclinação gera condutas excessivamente individualistas no seio de um grupo de trabalho.

Os prejuízos serão bem mais graves se a intemperança afectar o líder. A forma mais rápida de verificarmos esta proposição será pelo retorno ao primeiro capítulo, no qual percebemos como todos os olhos dos subordinados estão depositados sobre o líder. Assim, o exemplo que este oferece, conjugado ao poder que possui para promover a satisfação dos desejos pessoais, induz o desregramento no resto da comunidade que dirige.

Por fim, convém nunca perder de vista que o autodomínio envolve uma luta e uma vitória. Essa luta tem de ser travada em nome da sobrevivência da organização e da realização pessoal. Não subestimemos a dificuldade em assegurar essa vitória. Trata-se de uma luta muito difícil e sem tréguas devido à força e extensão dos desejos particulares. Também aqui podemos dizer, *it's not over until it's over*. O saber dominar-se uma tarefa que dura uma vida inteira.

Estamos agora em melhores condições de compreender o problema colocado pela rebeldia dos desejos permitida pela ausência de autodomínio. A importância da resolução deste problema ficou também patente. Resta, portanto, tecer algumas considerações no que diz respeito a possíveis soluções. Não descartamos a alternativa tão cara aos autores antigos, a saber, o autodomínio obtido através do governo da razão sobre os apetites e paixões. Historicamente, esta alternativa esteve exposta a severas críticas, na medida em que aparentemente subestimava o poder desses mesmos apetites e paixões. É que a insurreição dos desejos pode atingir letalmente as competências reguladoras da razão, tornando-se esta, no dizer de David Hume, "a escrava das paixões".

Neste sentido, cabe agora examinar uma alternativa especificamente moderna. Apesar do assunto ser tratado em obras tradicionalmente associadas à reflexão sobre a moral individual, optamos por continuar a nossa análise a partir de uma perspectiva política. E que melhor maneira de abordar uma solução política moderna do que saltar para o outro lado do Atlântico e assistir ao nascimento daquela que é *a* república moderna, os Estados Unidos. Nos textos que visavam justificar a proposta de Constituição para a União, alguns "Pais Fundadores" abordaram este nosso assunto por recurso a uma analogia particular. Mais concretamente, James Madison, no *Federalista*, n.º 10, estrutura uma analogia entre as paixões da alma e as facções políticas. É certo que Madison não estabelece uma conexão perfeita entre a paixão na alma e a facção no Estado, mas o seu raciocínio permite desenvolver esta perspectiva. Tal como as paixões e os choques que delas resultam põem em causa os interesses da alma como um todo, também as facções, quando exorbitam os seus direitos e quando conflituam de um modo desregrado ou desordenado, atentam contra os "interesses permanentes e globais da comunidade". Perante uma tal ameaça, que propostas avança o nosso autor?

Em termos genéricos, aparecem duas medidas concretas que podem ser tomadas: ou eliminar as causas das facções, ou controlar os seus efeitos. Examinemos a primeira. Parece estruturar-se segundo dois métodos distintos: acabar com a liberdade no Estado, ou homogeneizar o pensamento e as crenças das pessoas. Traduzindo estes dois métodos em linguagem corrente e com uma aplicação mais directa ao mundo das organizações, podemos dizer que o primeiro método consiste em extinguir a liberdade na organização, isto é, proibir a expressão livre e a associação entre as pessoas, ao passo que o segundo método consiste em promover um contexto no qual toda a gente pense da mesma maneira. Certos cursos de forma(ta)ção com conteúdos prédeterminados e fixos parecem corresponder a esta prioridade. Apesar de um e outro método indicarem soluções aparentemente fáceis, de acordo com Madison ambos padecem de dificuldades estruturais. No que diz respeito ao primeiro método, a extinção da liberdade como remédio para as consequências perniciosas das facções assemelha-se à sugestão de extinção do ar como método para apagar incêndios. Ora, esta solução é recusada porque, tal como o ar para os seres vivos, a liberdade na organização fornece energia, potencial de mobilização e o alimento da dinâmica individual. A vitalidade empresarial pressupõe a liberdade individual dos seus membros. Quanto ao segundo método, Madison rejeita-o porque a diversidade de opiniões está radicada na própria natureza humana. Recusa-se assim a tentação de impor unanimismos estéreis e tacanhos na organização.

Mas Madison não desiste de apresentar uma terapêutica viável. Deve-se procurar controlar os efeitos das paixões/facções, não castrar as causas da sua existência. Que solução é, então, avançada? Aqui pedimos ajuda a um dos mestres de todos os autores modernos, Francis Bacon. De forma ainda abstracta, Bacon insinua que a única possibilidade passa por colocar em confronto as paixões. Deve-se combater a paixão com a paixão, dominar a paixão com a paixão, assim como "para caçar utilizamos a besta contra a besta". Mais especificamente, Bacon prevê a execução de um esquema de castigos e recompensas, empregando desta forma o "medo" e a "esperança" como antídotos para desejos e paixões prejudiciais. Bacon confirma que a perspectiva por nós adoptada (a de que a política fornece um contexto adequado para analisar este problema) não é desapropriada. "Pois tal como no governo dos Estados também no governo interior é, por vezes, necessário reprimir uma facção com outra".

Surge assim, uma vez mais, a noção de que há uma guerra a ser travada e a ser vencida. Contudo, neste caso, a solução é distinta. Trata-se de regular as paixões pondo-os a lutar umas contra as outras. Dito de outro modo, trata-se de convocar certas paixões de carácter benéfico, construtivo e pacificador, para equilibrar e contrabalançar as paixões perniciosas e destrutivas. Em certo sentido, cabe ao responsável pela vitalidade de uma organização alimentar as primeiras paixões. Note-se que sublinhámos anteriormente que a repressão das paixões não constitui alternativa. Quando se invoca paixões como o "medo" ou a "esperança" através de um esquema de castigos e recompensas, é posto em curso um procedimento que não visa a repressão dos impulsos passionais, mas antes a canalização da sua energia para a prossecução de interesses "permanentes e globais".

Resumindo e sistematizando, podemos apresentar três versões distintas de resposta ao desafio colocado pelo complexo que abrange paixões, impulsos egoístas, desejos indisciplinados, tendências individualistas, a par de uma exortação ao autodomínio.

Em primeiro lugar, temos aquilo a que podemos chamar a hipótese anárquica. Consiste na satisfação pura e simples de todas as paixões. Os perigos que esta hipótese comporta ficaram bem demonstrados no diálogo entre MacDuff e Malcolm (*Macbeth*). Sendo os desejos insaciáveis, a procura da sua satisfação não é só interminável, mas também se constitui como factor de desordem e instabilidade. O lascivo é incapaz de satisfazer as suas paixões e arrasta consigo o seu mundo, o qual é por ele colocado ao serviço de uma senda egocêntrica e infindável. O intemperante torna a vida insuportável para si e para os outros.

Em segundo lugar, aparece o que podemos designar por hipótese autoritária. Dizemos "autoritária", não tanto por, *ao nível individual*, se pretender impor o predomínio da parte racional da alma sobre os desejos ou a imposição dos ditames da razão sobre as reivindicações das paixões, mas antes porque, *ao nível organizacional*, se aponta para um modelo uniforme de racionalidade comportamental. Ou seja, o elemento "autoritário" não se revela na efectivação de um autodomínio *interior*, mas outrossim na imposição de um padrão de uniformidade sobre a colectividade. Ora, esta hipótese é refutada por Madison. É inviável, e, acrescentamos nós, ceifa a liberdade e a individualidade humanas.

Por fim, chega-nos a hipótese republicana, a que é eleita pelos dois últimos autores, Bacon e Madison. Propõem um regime de freios e contrapesos (*checks and balances*), isto é, de poderes que se contrapõem e equilibram mutuamente sem perderem a energia necessária para a prossecução das tarefas comuns. Assim como no Estado, também na alma certas paixões devem ser suscitadas de modo a servirem de contrapesos a outras paixões perniciosas e destrutivas. Faz parte das responsabilidades de quem dirige a organização identificar as paixões benévolas e as paixões perniciosas, ou seja, deve saber gerir os seus confrontos de modo a servirem o bem do todo.

Concluindo: ao longo deste comentário, o autodomínio foi sempre entendido em dois planos distintos, mas não separados. No plano individual, o autodomínio designa sempre uma disciplina consciente dos objectivos que o sujeito pretende alcançar. As alusões que assinalámos – como, por exemplo, o combate consigo mesmo ou a conquista da vitória interior – referiam precisamente este aspecto. Ora, esta perspectiva nunca pode ser descurada. Esta é a base do desenvolvimento de um carácter íntegro, disciplinado, ordenado, responsável e consciente. Este é o fundamento do homem capaz de responder pelos seus actos, de agir em liberdade sem licenciosidade. Mas as linhas de Shakespeare deixam uma poderosa advertência. Não nos podemos iludir quanto à capacidade individual de controlar a impetuosidade e intensidade das paixões. Daí que auxílios complementares não possam ser dispensados. No plano organizacional, o esquema alimentador de determinadas paixões (como o medo e a esperança) contribuem decisivamente para o fortalecimento dos meios de controlo dos desejos indisciplinados. Gera-se, assim, uma aliança que favorece a disciplina no carácter individual e, simultaneamente, os objectivos da organização.

Assim que percebemos a complementaridade dos dois níveis enunciados, desponta uma conclusão que não seria acessível se não tivéssemos percorrido este caminho. É que a organização, a empresa, a comunidade de trabalho, se apresenta como um agente estimulador de autodomínio. Conclusão inócua, dirá talvez o leitor. Meça-se, no entanto, todo o alcance desta conclusão. A organização emerge como um contexto formador, sem com isso impor padrões uniformes de conduta moralizantes e castradores da individualidade. Como resultado, o todo da organização ganha em eficiência e o indivíduo que nela colabora cresce em integridade. Por outro lado, assim como este se torna mais eficiente também o ambiente de trabalho se torna mais regrado. Eis o círculo virtuoso que pode ser desenhado pelo incentivo a esta qualidade.

O Assalto à *RJR/Nabisco*[4]

Para a economia americana, 1988 foi o ano das transacções conhecidas por *leveraged buy-outs* (LBO). Numa operação deste tipo, um grupo pequeno de executivos de topo, normalmente em colaboração com uma instituição financeira externa, propõe-se

---

[4] Elaborado a partir de BURROUGH, Bryan; HELYAR, John. *Barbarians at the Gate. The Fall of RJR Nabisco*, Nova Iorque, HarperPerennial, 1991; Entrevista a Henry Kravis, *Fortune*, vol. 119, n.º 1, 2 de Janeiro de 1989, pp. 49-51.

comprar a sua própria empresa aos accionistas recorrendo a avultados empréstimos. Seguidamente, após a compra das acções, a empresa é "restruturada" – isto é, liquida items considerados não prioritários do seu orçamento, como, por exemplo, trabalhadores "excedentários" e investigação "supérflua" – de modo a pagar os juros dos empréstimos contraídos. Entretanto, os autores da transacção enriquecem consideravelmente. A mais sonante dessas aquisições foi, sem dúvida, a da *RJR/Nabisco*, cujas raízes remontavam a 1898. Esta empresa constituía, em 1988, o 19.º maior conglomerado industrial americano, empregando 140 000 pessoas nas suas várias operações. Produzia e comercializava marcas como as bolachas *Oreo* e os cigarros *Winston*.

Nos dois anos que precederam o LBO, a *RJR/Nabisco* exibia um bom registo: os lucros tinham aumentado cerca de 50%. Mas o comportamento das acções da empresa não tinha sido especialmente encorajador. Obcecado com este problema, o então presidente da empresa F. Ross Johnson decidiu que a única maneira de trazer a cotação das acções ao nível do verdadeiro desempenho da *RJR/Nabisco* seria através de um LBO. Johnson tinha um historial de aventureiro no mundo empresarial. O seu objectivo fora sempre o de "adquirir poder para si e declarar guerra à antiga ordem empresarial". De acordo com o consultor-psicólogo que trabalhava para a *RJR/Nabisco*, "a filosofia de Johnson era «vamos fazer uma festa, uma festa muito sofisticada e complicada»". Tal era a sua visão da arte empresarial. Quando chegou à chefia da *RJR/Nabisco*, Johnson construiu uma sede faraónica, decorada com obras de arte de todo o mundo pagas a peso de ouro. Como se isso não bastasse, Johnson investiu fortemente nas comunicações aéreas da empresa. Construiu um novo hangar no aeroporto de Atlanta para abrigar a nova frota de jactos privados. Comprou novos e luxuosíssimos aviões privados sem limitar os orçamentos. A *Coca-Cola* com o seu próprio hangar no mesmo aeroporto empalidecia perante tamanha ostentação. A frota da *RJR/Nabisco* ficaria conhecida como a *RJR Air Force*. Johnson costumava dizer que "uns poucos milhões de dólares perdem-se nas areias do tempo". Também gostava de dizer: "Bem, mal, ou indiferentemente, estamos sempre a pensar, a fazer, a estendermo-nos a nós mesmos. Se não o fizermos, o lugar onde estamos torna-se aborrecido. É preciso criar alguma excitação". A vida de Johnson parecia depender da adrenalina e de estímulos; havia muitas paixões por alimentar.

Henry Kravis é o outro protagonista desta história. Ele foi, na realidade, o grande vencedor desse Outono de 1988. Kravis era o "rei das aquisições em *Wall Street*". Nesse ano, Kravis tinha um poder de aquisição na ordem dos 45 mil milhões de dólares, ligeiramente superior ao valor então registado pelos PIB's do Paquistão ou da Grécia. De Kravis dizia-se que tinha uma ambição desmedida e um desejo insaciável de notoriedade social – também ele era dominado por paixões que não conseguia controlar –, mas essa reputação não o impediria de nos finais da década de 80 acumular uma larga experiência de LBO's. Com a entrada de Kravis na corrida à *RJR/Nabisco*, Johnson perderia o controlo do processo. Desentendimentos, traições e fugas para a imprensa fizeram com que a relação entre Kravis e Johnson fosse amargamente desfeita após a conclusão da operação financeira que fecharia o LBO. Mais tarde, Kravis decidiria que Johnson não permaneceria como presidente da *RJR/Nabisco*.

Nos meses que se seguiram ao LBO, Kravis saboreou a sua vitória. Era aclamado nas festas aos gritos de "Abram alas ao Rei Henry!". Mas já nessa altura as coisas começavam a mudar. A firma de Kravis conheceu os seus primeiros problemas relacionados com o pagamento dos juros da dívida acumulada em várias operações. Uma grande parte dos funcionários da *RJR/Nabisco* perderam o sentido de identidade que os ligava à empresa. Todavia, numa entrevista concedida pouco tempo depois da conclusão da operação, Kravis diria: "A ganância não me excita. Para mim, o dinheiro representa segurança. Eu faço o que faço porque é um desafio e adoro o que faço.

Mas o dinheiro não é a coisa mais importante. Tenho uma responsabilidade para com as pessoas na nossa empresa e para com os nossos investidores... Tendo a sorte de ter acumulado algum dinheiro, o meu maior prazer, tirando a minha família, é poder devolver à comunidade, seja para hospitais, educação, belas-artes, ou para a luta contra a SIDA". Mas não deixa de concluir, dizendo: "Eu sou uma pessoa impaciente". Assim, também neste caso peculiar apercebemo-nos do problema fulcral do autodomínio. A razão pode não ser suficiente para controlar as paixões. A inconsciência ou a duplicidade de Kravis manifestada na entrevista que deu à revista *Fortune* revela precisamente isso. Enganado-se a si mesmo ou aos outros, a sua razão, aqui, não era mais do que uma simples escrava das suas paixões mais vivas. Já Johnson perderia o seu emprego (embora não sem uma choruda recompensa); o seu nome seria arrastado na lama e associado a todos os podres (reais e fictícios) do mundo dos executivos empresariais.

CAPÍTULO V

Coragem

Aristóteles (384 a.C.-322 a.C.) nasceu em Estagira, na Trácia. Filho de um médico do rei Amintas da Macedónia (pai de Filipe e avô de Alexandre Magno), assume-se que a sua vocação para as ciências da natureza e medicina foi herdada do seu pai e dos seus antepassados. Com 17 anos, Aristóteles chegou a Atenas e integrou a Academia de Platão. Após a morte deste, a sucessão na Academia colocou o seu sobrinho, Espeusipo, à frente da escola. A oposição aos pontos de vista de Espeusipo mais do que a morte do fundador, pensa-se, favoreceu a separação de Aristóteles relativamente à Academia.

Outro dos factos assinaláveis da vida de Aristóteles foi a sua nomeação para tutor de Alexandre. Sejam quais forem as razões que presidiram à escolha de Filipe, a verdade é que a direcção tutorial não durou mais de três anos. A influência exercida por Aristóteles sobre Alexandre permanece ainda uma fonte de interrogações. Mais tarde, Aristóteles regressou a Atenas onde começou a ensinar no Liceu situado no recinto de Apolo Lício. Quando em 323 as notícias da morte de Alexandre chegaram a Atenas, a cidade vivia um período de tensão provocada pela antipatia despertada pelos partidários da Macedónia. A posição de Aristóteles tornou-se precária e, enfrentando uma acusação de impiedade, o filósofo retirou-se para Eubéia. Relata-nos a tradição que Aristóteles, pensando em Sócrates, abandonou Atenas para evitar um segundo crime contra a filosofia.

A obra de Aristóteles é vastíssima. O estagirita influenciou a civilização ocidental em variadíssimos domínios do conhecimento: desde a poética até à lógica, passando pela biologia. Porém, a obra de Aristóteles foi decisiva sobretudo no campo da metafísica, da política, e das éticas, dedicando vários livros ao pensamento moral: a *Magna Moralia*, a *Ética a Eudemo* e, principalmente, a *Ética a Nicómaco*.

O trecho que aqui apresentamos concentra-se exclusivamente na virtude da coragem. Sendo a coragem uma das virtudes morais, Aristóteles aborda-a de um modo semelhante às outras virtudes do mesmo género. Para o filósofo, a virtude moral é um exercício de uma escolha que consiste num justo meio relativamente a nós, tal como é determinado pela regra recta ou pelo homem prudente. Portanto, a virtude moral situa-se entre dois extremos viciosos. No caso particular da coragem, o extremo por excesso corresponde à temeridade, ao passo que o extremo por defeito corresponde à cobardia.

ARISTÓTELES, *Ética a Nicómaco*, **III.7-8.**

7. "Poder-se-á dizer que, caso alguém nada tema, nem um tremor de terra, nem as cheias, como se diz dos Celtas, comporta-se como um louco ou é incapaz de sentir dor. Quem tem excesso de confiança, é temerário em situações terríveis. O temerário pode, no entanto, ser também um impostor e fazer alarde da coragem. Este finge comportar-se em face de situações terríveis tal como o corajoso de facto se comporta. Só que aquele faz teatro nas situações em que não é capaz de se comportar corajosamente. É por isto que a maior parte destes tipos são cobardes disfarçados de temerários. (...)

Assim, quem tem medo em excesso é cobarde (...) Quem é deste género tem também falta de confiança, mas isso torna-se mais evidente quando se encontra em situações de dor e sofre em excesso. O cobarde está, com efeito, desesperado, com medo de tudo. O corajoso comporta-se, por outro lado, de modo contrário. É que confiar é ter uma boa esperança.

(...) Finalmente os temerários são precipitados. Pois, quando estão em situações de perigo querem afastar-se delas; os corajosos, contudo, são rápidos e eficazes na acção, mas primeiro aguardam o decorrer dos acontecimentos serenamente".

8. "Os senhores exercem coacção, tal como Heitor (ao dizer) *aquele que eu vir a tremer afastado do combate, não escapará aos cães*. Também fazem o mesmo os que ordenam que as tropas se ponham em linha. Pois, se cederem terreno, batem-lhes. O mesmo se passa com os que formam uma linha de costas para as trincheiras ou para um qualquer obstáculo. Todos estes estão sob coacção. Mas não é sob coacção que se deve ser corajoso, mas porque é glorioso.

Parece, por outro lado, que a experiência de situações particulares de perigo é coragem. (...) Aqueles que têm este tipo de coragem são corajosos em diversas circunstâncias e situações, em especial, os mercenários experimentados em batalhas e noutras situações de guerra. É que parece haver em combate muitos falsos alarmes e estes tiveram já oportunidade de os observar muitas vezes. Por isso parecem corajosos, porque os outros não sabem em que circunstâncias se encontram. São, portanto, capazes de fazer ataques e de não sofrê-los da melhor maneira possível, mas apenas pela experiência que têm. (...) Mas os mercenários tornam-se cobardes, quando a tensão do perigo é extrema e estão em menor número e menos bem equipados. São os primeiros a fugir, enquanto as tropas civis, por outro lado, resistem e morrem em combate, tal como aconteceu na batalha junto ao templo de Hermes. Para estes, fugir era vergonhoso e a morte preferível à salvação pela fuga. Mas os mercenários que ao princípio não se apercebiam do perigo que corriam – por se terem achado mais poderosos – ao reconhecerem agora a verdadeira realidade da situação põem-se em fuga, e temem, pois, mais a morte do que a vergonha. O corajoso, porém, não se comporta deste modo.

Também se costuma estabelecer uma relação entre a coragem e a ira. É que também os corajosos, na verdade, parecem agir por ira, tais como os animais selvagens se atiram contra quem os feriu, também os corajosos são irascíveis. A ira é o que há de mais arrojado para fazer alguém atirar-se para a frente do perigo, por isso Homero diz: «Ele deu força à sua ira» e «excitou o ânimo e a ira» e «a mostarda subiu-lhe ao nariz» e «o sangue ferveu-lhe». (...) Os corajosos agem por causa da glória, a ira apenas colabora com eles. Os animais selvagens por sua vez agem sob o efeito do sofrimento. É por terem sido feridos ou por terem medo, porque se estiverem na floresta não se aproximam para atacar. Não é, pois, um acto corajoso o atirar-se para o perigo quando se é espicaçado pela dor e pela ira, sem conseguir ver-se previamente o que de tremendo está à espera. Desse modo, também os burros poderiam ser corajosos quando estão com fome, porque mesmo quando se lhes bate, não se afastam do pasto. Também os adúlteros ousam fazer muitas coisas arrojadas levados pela luxúria.

É por isso que permanecer sem medo e imperturbável em face de medos imprevistos é um acto mais corajoso do que ficar sem medo em face de perigos previsíveis. Pois, neste caso ficar sem medo resulta mais de uma disposição de carácter já constituída e menos de uma boa preparação. Porque a respeito dos perigos declarados de antemão pode produzir-se uma decisão por cálculo e de acordo com o sentido orientador. Mas a respeito dos perigos que se declaram subitamente só a disposição já constituída pode fazer-lhes face".

* * * * *

COMENTÁRIO

Ao escolhermos a coragem como uma das qualidades centrais da conduta humana cooperativa e competitiva, sabemos que estamos a convocar uma das virtudes éticas cardeais mais estudadas nos grandes tratados de filosofia moral em todos os tempos. Mas de todos os tratados a que poderíamos recorrer como fonte, a *Ética a Nicómaco* de Aristóteles distingue-se por oferecer um tratamento extensivo, abrangente e subtil, sem o qual a discussão do tema ficaria sempre incompleta. Aristóteles é, neste como em muitos outros temas, uma voz incontornável.

A riqueza e profundidade da reflexão aristotélica sobre a coragem torna impossível a sua reprodução integral. Daí que tenhamos escolhido apenas dois capítulos do livro III da *Ética a Nicómaco*. Contudo, o que perdemos em extensão é compensado pela atenção que podemos dispensar a cada passagem incluída nos excertos acima reproduzidos. Como poderemos constatar, cada uma destas frases encerra um universo fecundo de significados e perplexidades que nos desperta para a inquirição da realidade complexa desta virtude.

Na presente análise, optamos por seguir o enquadramento proposto pelo filósofo de Estagira. E o que propõe o nosso autor? Antes de mais, apresenta três figuras que representam e corporizam três tipos de relação do homem com situações de desafio, perigo, medo e confiança: o temerário, o cobarde, e, por fim, o corajoso.

Iniciemos a nossa investigação pela figura do temerário. Para este nenhum perigo é verdadeiramente ameaçador. Ele não sabe distinguir o poder de cada ameaça: o temerário "nada teme" e é "incapaz de sentir dor". Ele é, nas palavras de Aristóteles, um "louco" ou, como se sugere na mesma frase onde é referenciado o povo celta, um "bárbaro". Em que sentido serão adequadas as expressões "louco", "bárbaro", ou, poderíamos nós assemelhar, um "embriagado"? No essencial, tal carácter padece de excesso de confiança nas suas próprias capacidades, nas capacidades que tem para superar desafios ou medos específicos superáveis, e até os insuperáveis. Tal como o embriagado se julga "o melhor condutor do mundo", também o "louco" considera que as restrições naturais não se aplicam a si – julga que pode voar sobre precipícios. O "bárbaro" é, no mesmo sentido, aquele que abre o peito às lanças inimigas e se julga capaz de derrotar todo o exército adversário. No fundo, os três partilham a mesma ignorância relativamente à dimensão dos perigos que enfrentam e às suas próprias capacidades para lhes fazer face. O excesso de confiança é, na realidade, fruto dessa ignorância. Como diz parte do provérbio, "a coragem desordenada não produz heróis, mas sim bandidos ou doidos".

Porém, Aristóteles vai um pouco mais longe. Existe uma outra dimensão da temeridade digna de nota. É que a temeridade, enquanto expressão de uma acção audaz, muitas vezes não passa de exibicionismo. O temerário regozija-se com o aplauso; ele está sequioso de admiração. Nesta perspectiva, ele não é mais do que, passe o paradoxo, um cobarde. Aristóteles tenta mostrar que a simulação de ousadia e audácia corresponde precisamente ao desejo do cobarde: simular a coragem. O temerário "faz teatro nas situações em que não é capaz de se comportar corajosamente. É por isto que a maior parte destes tipos são cobardes disfarçados de temerários".

Mas Aristóteles não se queda por aqui. "Os temerários são precipitados". Isso deve-se à sua incapacidade de identificar, ponderar e apreciar correctamente os perigos. Quando os identifica e reconhece, a sua verdadeira natureza revela-se, a audácia simulada não consegue ocultar a sua índole mais profunda. Nestas circunstâncias, o "temerário" torna-se um cobarde e foge. É por esta razão que o temerário, o exibicionista teatral, é absolutamente inconfiável, até porque a sua audácia é sintoma de uma inconsciência que alimenta abundantemente a sua precipitação. Mas ele é inconfiável também por possuir um carácter fundamentalmente inconstante. A imprevisibilidade do seu comportamento, que se denota de forma mais clara aquando do reconhecimento do perigo, é uma das suas marcas mais características.

Tratemos agora a figura do cobarde. É possível formular uma ideia intuitiva do cobarde sem recorrer a textos clássicos ou sem grandes reflexões de suporte. Para ele, todos os perigos são terrivelmente ameaçadores e vive no pânico causado pela antecipação da dor. Isto manifesta duas características nucleares do carácter cobarde: o medo excessivo e a falta de confiança. Mas alarguemos a nossa noção de dor. O cobarde não foge apenas da dor que se constitui como sintoma de mal-estar físico. Muito frequentemente, no mundo das actividades humanas, a dor desponta de ameaças que não põem em causa a nossa integridade física. Muitas situações geram em nós um desconforto primário. São exemplos dessa dor ou desse desconforto o aperto de estômago causado pela exposição a uma plateia numerosa, os suores frios provocados pela antecipação de uma decisão arriscada ou a tensão que advém da dúvida quanto às nossas qualidades para desempenhar as funções requeridas. Desde o despertar madrugador à noite passada em claro, a dor é uma constante da vida. O cobarde não é capaz de enfrentá-la. Ele tem medo.

Aristóteles nota ainda que o cobarde não só tem medo, como desespera. O cobarde está "desesperado". Porquê "desesperado"? Face às oportunidades, desafios e riscos que enfrenta, ele nunca espera ser bem sucedido. Na linguagem vulgar, dir-se-á que o cobarde é um pessimista. Mas não negligenciemos o poder das palavras de Aristóteles: o "desespero" indica falta de esperança. Não se trata de alguém que encara a vida com um espírito negativo e que espera dela pouco de bom, o que corresponderia mais exactamente à definição de pessimista; trata-se outrossim de nada esperar. Em todas as situações com as quais se depara ele "sabe" que falhará.

Mas abandonemos por ora o cobarde. Demos maior ênfase à análise do temerário do que à do cobarde por este último ser mais fácil de identificar, por ser menos imprevisível e menos susceptível de ser identificado com o corajoso. Viremos agora a atenção para o homem corajoso. Neste primeiro momento, contrastemos o corajoso com o cobarde e com o temerário. Partindo do último ponto abordado na análise do cobarde, podemos caracterizar o corajoso como aquele que possui "uma boa esperança". Quer isto dizer, ele confia na sua capacidade para superar as dificuldades. Ele está convicto do seu valor. Ele é um homem confiante porque compreende que a superação das dificuldades (medo, dor, desconforto) requer a mobilização dos recursos necessários por si possuídos. Sabe, também, que pode falhar. Contudo, está disposto a enfrentar essas dificuldades. Para além de confiante, ele é decidido. Reparemos no contraste evidente com o cobarde. Enquanto este é paralisado pelo medo, o corajoso é um homem de acção. Quem tem genuína coragem, é activo e resoluto. Ele é "rápido e eficaz na acção". Por outro lado, e ao contrário do temerário, o corajoso não se precipita, antes "aguarda serenamente o decorrer dos acontecimentos".

Por este contraste, surge uma sugestão deveras interessante. Aristóteles insinua que a acção corajosa é informada por um momento prévio em que a decisão é suspendida e se procede a uma deliberação quanto aos melhores meios para atingir os fins desejados. Isso é o contrário da precipitação temerária. Com isto, a compreensão de que o corajoso é um homem de acção não fica comprometida. O aguardar "serenamente o decorrer dos acontecimentos" não castra, por si só, o carácter resoluto da decisão, assim que esta é tomada. Analisar a situação, ponderar o desafio, avaliar o risco, são condições necessárias para que a acção tenha o resultado pretendido.

Com tantas aparências em jogo, com tantos supostos pontos de contacto entre estes caracteres, coloca-se a questão fundamental: como conhecer o corajoso? Como identificar o carácter do homem corajoso? A primeira proposta do nosso autor passa por vincar um aspecto extremamente importante. Não se conhece o carácter do corajoso forçando-o a exibir uma valentia absurda, mas antes em situações de perigo cujos objectivos sejam determinados, concretos e relevantes. Aqueles que "formam uma linha de costas para as trincheiras ou para um qualquer obstáculo" e que o fazem sob coacção, não demonstram coragem. Possivelmente, revelam obediência, resistência ou disciplina, mas não a coragem. Como dissemos, o homem corajoso move-se por objectivos relevantes. Quer estejamos a falar do líder, quer de um subordinado, os objectivos, independentemente de quem os determina, devem ser relevantes e concretos. Obrigar as tropas a esta exposição ordenada extraordinariamente perigosa, sem qualquer intuito operacional, não permite, por si só, detectar coragem na alma daqueles que obedecem. Sem nos estendermos muito quanto à consideração da glória como factor de mobilização da acção em Aristóteles, podemos, no entanto, constatar que os actos corajosos contam com (em contraponto com a coacção) o incentivo de elementos interiores e individuais. O corajoso age corajosamente por uma recompensa que não é necessariamente material e que tem a sua fonte na sua ambição pessoal.

Também a experiência das situações de risco não pode ser confundida com a coragem. Ora, este argumento é muito perspicaz. Repare-se na referência de Aristóteles à coragem mercenária. Porque é que os mercenários fogem e as tropas civis, em contrapartida, "resistem e morrem em combate"? De facto, os mercenários possuem uma mais-valia que o estagirita não desconsidera. Eles possuem experiência de situações de risco. A experiência de situações de perigo é, contudo, insuficiente. Porquê? Não quer dizer que a presença e o trabalho dos mercenários sejam nocivos e que a experiência em combate não seja muito importante. Mas não é suficiente perante situações de tensão extrema. O mercenário conta sempre com situações em que a sua vantagem perante o adversário é manifesta. Quando deixa de o ser, só podemos contar com as tropas civis. Fazendo um paralelo com as nossas empresas, é preciso uma força de trabalho com alguma permanência de modo a criar laços identitários com a organização. De outro modo, ficamos apenas com os mercenários. Porque, afinal, os mercenários são tradicionalmente tropas estrangeiras contratadas, com laços precários à causa que defendem, e cuja acção se justifica apenas perante o interesse individual.

Mas não dissemos também que o corajoso age de acordo com a sua ambição pessoal? É preciso, pois, completar o raciocínio que fizemos há pouco. O corajoso age segundo móbeis pessoais, mas aos quais acrescenta lealdade, fidelidade e compromisso com uma causa comum, cujo exemplo histórico mais paradigmático consiste na figura do patriota. É por este meio que chegamos a um dos temas mais centrais da teoria ética, a saber, o dilema entre o interesse pessoal e o propósito comum. O corajoso une em si mesmo estes dois aspectos. A coragem tem o seu início no alimento fornecido pela ambição pessoal; mas a perseverança e a constância dessa atitude corajosa, e que são necessárias para enfrentar os perigos até ao fim, complementam o ímpeto inicial dado pela ambição. No contexto da coragem, a ambição sem laços a um projecto comum torna-a fugaz; por outro lado, a mera fidelidade a um propósito partilhado sem ambição não é mais do que obediência estéril.

Falta-nos examinar uma outra relação pertinente para a nossa exposição, a da coragem com a ira. Esta última é entendida por Aristóteles como uma espécie de impulsividade, agressividade ou arrojo. Se a ambição pessoal constitui um móbil do acto corajoso, poderá a disposição agressiva ser também um móbil do mesmo género? Pois bem, esta impulsividade, por si mesma, é apenas um simulacro de coragem.

A agressividade relativamente aos perigos, desafios e oportunidades não se pode confundir com a mera impulsividade ou com a irascibilidade. É que a coragem comporta capacidade de análise, de previsão e de ponderação; não se confunde com nenhuma fúria cega, "sem conseguir ver-se previamente o que de tremendo está à espera". Em certa medida, a racionalidade que se espera do agente económico é contraditória com a fúria, o desejo de vingança e o "medo da dor", os quais cegam o decisor no seu juízo racional. Cegam de que modo? Não só quanto aos fins que pretende atingir, mas também quanto aos meios necessários para a realização desses fins. Ou seja, altera a rigorosa adequação dos meios (recursos) aos fins (objectivos), necessária para a tomada de boas decisões. Isto pode perverter a racionalidade da decisão de duas formas distintas, mas tantas vezes complementares: ou na aplicação desproporcionada de meios para determinados fins; ou no visar fins inúteis ou nocivos.

A insistência numa decisão sem admitir a possibilidade de revê-la não é sinal de coragem, mas de "burrice". "Também os burros poderiam ser corajosos quando estão com fome, porque mesmo quando se lhes bate, não se afastam do pasto". Uma teimosia animada pelo desejo de vingança, pelo medo de reconhecer uma falta, ou por despeito, não pode ser confundida com coragem. A coragem, apesar de poder manifestar externamente uma agressividade semelhante, só emerge da boa deliberação ou de um saber escolher, algo que é negado pela acção passional. Complementando o que dissemos anteriormente acerca da precipitação temerária, podemos agora dizer que também a acção passional própria de um irascível se distingue radicalmente da acção corajosa. Em termos muito concretos, o corajoso não é avesso à retirada estratégica, nem a uma certa contenção. Ora, a ira e outras paixões igualmente encolerizantes inviabilizam sequer a possibilidade da retirada estratégica.

Todas estas considerações demonstram a importância da inclusão da coragem na reflexão sobre a conduta humana, em geral, e sobre as práticas empresariais, em particular. O mundo empresarial é essencialmente um mundo de imprevistos e mudança constante. A experiência permite tomar decisões acertadas apenas num contexto de previsibilidade. Como no caso dos mercenários, o homem que apenas pode contar com a sua experiência toma boas decisões num cenário de relativa segurança e estabilidade. Mas como a vida económica está muito longe de poder ser caracterizada como segura, estável e previsível, então são necessários homens e mulheres com disposições corajosas enraizadas. A vida activa está cheia de "perigos que se declaram subitamente", e, podemos acrescentar, é rica em desafios e oportunidades. É no "tumulto" permanente de que fala Joseph Schumpeter que se inserem grande parte das actividades humanas. A coragem é a virtude que sustenta o confronto decidido e afirmativo com a turbulência e a incerteza próprias de um mundo hostil e mutável.

Desta pequena reflexão decorre, desde logo, uma recomendação talvez prosaica, mas muito prática. A nossa recomendação dirige-se em particular ao juízo e avaliação das capacidades e competências dos colaboradores realizado em todas as organizações. O que queremos dizer é que bons currículos académicos e profissionais são, sem dúvida, estruturantes. O currículo fornece, não o negamos, o documento mais objectivo das qualidades profissionais. Mas no nosso contexto de imprevisibilidade e constante mudança, podemos fiar-nos apenas num documento? Ainda que esse documento seja suficientemente expressivo da experiência e conhecimentos técnicos, sabemos a partir de Aristóteles que nem só a experiência ou os conhecimentos técnicos são relevantes. A coragem e a constância da conduta face a acontecimentos inesperados aparecem como qualidades preciosíssimas. É que os mercenários experientes, bem como os cobardes inconstantes, podem apresentar bons currículos. Ambos, contudo, na hora do perigo batem em retirada. Mesmo em empresas que pouco têm de militar, a disposição corajosa bem firme no carácter é um activo de valor inestimável. Ora, isto não aparece no currículo, nem no balanço da empresa.

O nosso propósito neste capítulo não foi o de criar uma suposta grelha infalível de avaliação de carácter. Reproduzimos um elogio da coragem e indicámos algumas pistas que facilitam a identificação dessa virtude na alma humana. Porém, sempre alertámos que esta identificação está sujeita a grandes dificuldades: os temerários e os cobardes exibem traços que nos confundem quando procuramos a coragem. Aparecem sintomas desta virtude no temerário e no homem irado, o que agrava as nossas dificuldades. Todavia, esta tarefa de reconhecimento da coragem não pode ser ignorada por aquele que ocupa um lugar de responsabilidade na administração e gestão de recursos humanos.

Os Riscos da Temeridade: o desastre *Barings*[5]

No dia 26 de Fevereiro de 1995, um banco de investimento reputado e com uma longa história entrou em colapso. O Banco *Barings*, que tinha como clientes a própria Rainha de Inglaterra, fora destruído pelas operações de um dos seus corretores que operava em Singapura no mercado de derivados. Nicholas Leeson, um jovem inglês ambicioso, começou a apostar no mercado de Singapura tendo por referência o índice NIKKEI 225. A política de investimento do *Barings* era tida por conservadora e cautelosa, mas Leeson quis aproveitar a oportunidade para subir a fasquia da rentabilidade que o Banco usualmente oferecia. Ele considerava que faltava ousadia às posições assumidas pelo *Barings* num mercado tão promissor como era o do Sueste

---

[5] Elaborado a partir de Soper, Rochael M. "Promoting Confidence and Stability in Financial Markets: Capitalizing on the Downfall of Barings", *Duke Journal of Comparative and International Law*, vol. 7, Primavera 1997, n°2, pp. 651-670; Leeson, Nicholas. *Rogue Trader*, Londres, Time Warner Paperback, 1997.

Asiático. Leeson tinha apenas 28 anos quando assumiu o controlo das operações na filial do Banco *Barings* em Singapura. A sua nomeação, e também os primeiros resultados que apresentou, eram justificados por uma nova política de agressividade e audácia, em larga medida contrária à tradição do Banco.

Dois relatórios exaustivos foram elaborados no rescaldo do colapso do Banco *Barings*. Um foi da responsabilidade do Conselho da Supervisão Bancária do Banco de Inglaterra; o outro foi da autoria de dois executivos da *Price Waterhouse* nomeados Inspectores pelo Ministério das Finanças de Singapura. Ambos os relatórios acusam a ausência de um genuíno sistema de controlo e fiscalização das operações dos corretores. Mas a diferença mais notória entre os dois relatórios diz respeito à relação entre Nick Leeson e os executivos da sede em Londres. Se o relatório inglês isenta de responsabilidades (por falta de provas, é certo) as chefias em Londres, já o relatório de Singapura aponta a promiscuidade que ligava as operações de Leeson a alguns executivos na sede inglesa. Porém, nenhum dos relatórios salienta um aspecto determinante no desenlace de todo este processo. É o próprio Nick Leeson quem o refere.

Leeson chegou a Singapura e, desde o primeiro momento, tudo fez para mudar a pose conservadora da instituição que representava. Possuidor de um currículo já algo invejável (o seu desempenho em Jacarta fora alvo de referências elogiosas), ele e a sua equipa passaram a envergar casacos listados com cores excêntricas e fizeram tudo para alterar a percepção pública relativamente ao Banco *Barings*. Em Singapura, Leeson dedicava-se a dois tipos de transacção: por um lado, executava ordens de compra e venda de clientes do *Barings* em futuros e opções; por outro lado, realizava operações de arbitragem das diferenças de preços de futuros baseados no índice NIKKEI à venda no SIMEX e na bolsa de Osaka. Leeson recorreu a uma conta fictícia para esconder este último tipo de operações, mas uma grande parte das somas astronómicas envolvidas eram do conhecimento da sede. Apesar de suscitar algumas hesitações entre os executivos londrinos, estes não se preocuparam com o andamento das operações e associaram aqueles volumes de transacções a um novo espírito comercial trazido pela audácia e coragem de Leeson. Os lucros avultados que Leeson ia apresentando às suas chefias confirmavam essa percepção. O excesso de confiança e um irredutível sentimento de segurança apoderou-se da sede de Londres, o que facilitou os movimentos de Leeson.

Leeson conta no seu livro todos os passos da história que terminaria em desgraça. Quando já não era possível esconder mais as suas posições negociais e as dívidas acumuladas, Leeson fugiu. Chegou a entrar num comboio que outrora fizera o transporte dos soldados ingleses durante a Segunda Guerra Mundial nos combates contra os japoneses. Leeson comenta que, tal como ele, "esses soldados sabiam realmente o que era fugir para salvar a vida". O corajoso Leeson, que se tinha revelado um temerário, manifestava agora a sua cobardia. Mas já antes da sua fuga os sinais de cobardia se acumulavam. Por exemplo, quando o NIKKEI iniciou a sua curva descendente, Leeson não sabia exactamente qual o impacto dessa descida nas suas contas: "Eu sabia que tinha perdido milhões de libras, mas não sabia exactamente quanto. Estava demasiado amedrontado para descobrir – os números assustavam-me até à morte". Mais tarde, Nisa, uma das suas secretárias, apresentou-lhe o extracto da conta fictícia "88888". Leeson não olhou para os papeis: uma vez mais, "assustavam-no até à morte". Posteriormente, apareceu em Singapura Tony Railton, um executivo de Londres responsável pela contabilidade das operações acabado de chegar de Inglaterra. Leeson disfarçou a sua angústia com respostas optimistas e de quem dominava a situação. Retrospectivamente, Leeson admite que não foi difícil persuadi-lo, pois Railton era "mais um dos que tinha engolido a história de sucesso de Nick Leeson em Londres", mais um dos que via em Leeson um corretor ousado e corajoso.

Recapitulando, Leeson era detentor de um bom currículo; era ousado nas suas operações e alguns resultados positivos confirmavam a pertinência dessa ousadia. Contudo, o mais importante ficou por perceber. Por detrás da história de sucesso, por detrás da audácia exuberante, escondia-se um temerário que rapidamente se transformou num cobarde, com custos directos na percepção dos riscos que estava a correr e do desastre iminente. "Os números assustavam-me até à morte". Afinal, tal como os mercenários experientes, os temerários ou cobardes inconstantes na hora do perigo batem em retirada.

CAPÍTULO VI

Empenho

Benjamin Franklin (1706-1790) foi para muitas gerações o mais autêntico representante do "espírito americano". Diplomata, jornalista, cientista e um dos mais distintos delegados à convenção constitucional donde sairia a futura Constituição dos EUA, Franklin foi aquilo a que poderíamos hoje chamar um *self-made* man. De origens humildes, Franklin acabaria por acumular uma fortuna considerável. O desenvolvimento e progresso da sua vida, tanto do ponto de vista moral como material, enquanto exemplo, constituiria o objecto fundamental da sua autobiografia, que rapidamente se tornaria um *best--seller* em terras americanas. O seu prestígio não só na América, mas também na França do período revolucionário, era muitíssimo considerável.

Durante mais de vinte anos, Franklin redigiria, sob o pseudónimo Richard Saunders, o *Poor Richard's Almanack*. Neste almanaque, Franklin introduziria lições rudimentares de ciência e das suas aplicações tecnológicas, assim como de economia. Mas o que distinguiria o almanaque seriam os seus ensinamentos morais, escritos de forma aforística. Nessa obra, da qual *The Way to Wealth* constitui uma espécie de compilação, Franklin exortava ao cultivo e exercício de virtudes que têm também como finalidade recompensas materiais. Em número de treze, Franklin insistia nas seguintes virtudes: temperança, silêncio, ordem, decisão, frugalidade, laboriosidade, sinceridade, justiça, moderação, asseio, tranquilidade, castidade e humildade. Na opinião de Franklin, elas são, por assim dizer, a chave do sucesso individual. Inimigo do pretensiosismo social e intelectual, Franklin quis ser sempre a voz do senso comum e do conhecimento prático. O homem comum e o seu direito à prossecução da felicidade são os dois pólos de orientação da obra de Franklin.

Albert Camus (1913-1960) nasceu em Mondovi, na Argélia. Galardoado com o Prémio Nobel da Literatura (1957), Camus morreu precocemente num acidente de viação que chocou o mundo da cultura europeia. Celebrizou-se por ser uma das vozes mais notórias do existencialismo francês. A sua reputação enquanto autor estabeleceu-se com a publicação de *O Estrangeiro* e *A Peste*. Entre as suas obras de matiz mais filosófica, destacam-se *O Mito de Sísifo* e *O Homem Revoltado*. Durante a ocupação nazi, Camus dedicou-se ao trabalho na Resistência francesa como jornalista clandestino. Após a Libertação seria durante alguns anos director do jornal *Combat*. O seu estatuto enquanto filósofo foi severamente posto em causa nos círculos bem-pensantes da margem esquerda do Sena aquando de uma diatribe violenta com Jean-Paul Sartre.

A passagem que citamos neste capítulo provém de *O Mito de Sísifo*. O leitor não precisará decerto ser recordado que esta obra não se circunscreve à condição do trabalhador. O seu alcance é muito mais geral e a amplitude pretendida mais universal. Partindo do famoso mito antigo, *O Mito de Sísifo* sugere uma reflexão sobre a condição do homem enquanto tal. Nas palavras de Camus, o homem "é a única criatura que recusa ser o que é". A "revolução existencial" é a única forma de salvar do desespero o homem que a um tempo assume a sua condição e procura superá-la. No seu comentário sobre *A Náusea* (da autoria de Sartre), Camus escreve: "Anunciar o absurdo da existência não pode ser um objectivo, apenas um ponto de partida". É neste contexto que deve ser entendida a passagem por nós comentada.

BENJAMIN FRANKLIN, *The Way to Wealth*

"(...) O que chamamos *tempo suficiente aparece sempre como tempo insuficiente*: levantemo-nos e sejamos activos, e activos com propósito; de modo a que com diligência façamos mais e com menos perplexidade. *A preguiça torna todas as coisas difíceis, mas a laboriosidade torna tudo fácil,* como diz Poor Richard; e *aquele que acorda tarde, tem de correr o dia todo, e dificilmente conseguirá concluir as suas tarefas à noite.* A *preguiça corre tão devagar que a pobreza depressa a ultrapassa,* como lemos em Poor Richard, que acrescenta, *conduz as tuas tarefas, não deixes que elas te conduzam;* e *cedo para a cama, e cedo acordar, torna um homem saudável, rico e sábio.*

Nós podemos fazer destes tempos, tempos melhores se nos mexermos. *A laboriosidade não precisa esperar,* como diz Poor Richard, e *aquele que vive com esperança morrerá de jejum. Não há ganhos sem dores,* por isso *ajudai-me, mãos, pois eu não tenho terras,* ou se as tenho elas são astuciosamente tributadas. E, como Poor Richard também observa, *aquele que tem um ofício tem propriedade,* e *aquele que tem uma profissão tem um ofício de lucro e honra;...* Se formos laboriosos nunca morreremos de fome; pois, tal como diz Poor Richard, *na casa do homem trabalhador a fome espreita, mas nunca se atreve a entrar...* Para quem não encontrou um tesouro, nem tem parentes ricos, *a diligência é a mãe da boa sorte,* como diz Poor Richard, e *Deus dá todas coisas à laboriosidade.* Por isso, *lavra fundo enquanto os preguiçosos dormem, e terás milho para vender e guardar,* diz Poor Dick. Trabalha hoje enquanto podes, pois não sabes quais os teus impedimentos de amanhã, o que leva Poor Richard a dizer, *um hoje vale dois amanhãs*; e mais, se *tiveres algo para fazer amanhã, fá-lo hoje*. Lida com as tuas ferramentas sem luvas; lembra-te que o *gato de luvas não apanha ratos*, como diz Poor Richard. É verdade que há muito a fazer, e talvez sejas pouco habilidoso com as mãos, mas empenha-te e verás grandes efeitos, pois *água mole em pedra dura tanto bate até que fura*, e através da *diligência e paciência o rato roeu o cabo em dois*; e *pequenos golpes abatem grandes carvalhos*, como diz Poor Richard no seu almanaque...

A laboriosidade traz conforto, abundância e respeito: *foge dos prazeres e eles seguir-te-ão. O tecelão diligente tem uma parte maior*, e *agora eu tenho uma ovelha e uma vaca, toda a gente me deseja bom dia...*

"Mas com a nossa laboriosidade, temos também de ser prontos, constantes e cuidadosos, e vigiar os nossos assuntos com ambos os olhos, e não confiar muito a outros;...

Confiar demasiado no cuidado dos outros é a ruína de muitos; pois, como diz o almanaque, *nos negócios deste mundo os homens são salvos, não pela fé, mas pela falta dela*;... Ademais, *se quiseres ter um criado fiel, e de quem gostes, serve-te a ti mesmo*. Mais ainda, ele aconselha ponderação e cuidado, até nos assuntos mais pequenos, porque por vezes *uma pequena negligência pode causar grandes sarilhos*; acrescentando, *por faltar um prego perdeu-se a ferradura; por faltar uma ferradura perdeu-se o cavalo, e por faltar um cavalo perdeu-se o cavaleiro*, sendo derrubado e morto pelo inimigo, tudo pela falta de cuidado com um prego da ferradura.

ALBERT CAMUS, *O Mito de Sísifo*

"Os deuses tinham condenado Sísifo a empurrar sem descanso um rochedo até ao cume de uma montanha, de onde a pedra caía de novo, em consequência do seu peso. Tinham pensado com alguma razão que não há castigo mais terrível do que o trabalho inútil e sem esperança.
(...)
Os mitos são feitos para que a imaginação os anime. Neste, vê-se simplesmente todo o esforço de um corpo tenso, que se esforça por erguer a enorme pedra, rolá-la e ajudá-la a levar a cabo uma subida cem vezes recomeçada; vê-se o rosto crispado, a face colada à pedra, o socorro de um ombro que recebe o choque dessa massa coberta de barro, de um pé que a escora, os braços que de novo empurram, a segurança bem humana de duas mãos cheias de terra. No termo desse longo esforço, medido pelo espaço sem céu e pelo tempo sem profundidade, a finalidade está atingida. Sísifo vê então a pedra resvalar em poucos instantes para esse mundo

inferior de onde será preciso trazê-la de novo para os cimos. E desce de novo à planície.

É durante este regresso, esta pausa, que Sísifo me interessa. Um rosto que sofre tão perto das pedras já é, ele próprio, pedra! Vejo esse homem descer outra vez com um andar pesado mais igual, para o tormento cujo fim nunca conhecerá. Essa hora que é como uma respiração e que regressa com tanta certeza como a sua desgraça, essa hora é a da consciência. Em cada um desses instantes em que ele abandona os cumes e se enterra a pouco e pouco nos covis dos deuses, Sísifo é superior ao seu destino. É mais forte do que o seu rochedo.

Se este mito é trágico, é porque o seu herói é consciente. Onde estaria, com efeito, a sua tortura se a cada passo a esperança de conseguir o ajudasse? O operário de hoje trabalha todos os dias da sua vida nas mesmas tarefas, e esse destino não é menos absurdo. Mas só é trágico nos raros momentos em que ele se torna consciente. Sísifo, proletário dos deuses, impotente e revoltado, conhece toda a extensão da sua miserável condição: é nela que ele pensa durante a sua descida...

Se a descida se faz assim, em certos dias, pode também fazer-se na alegria. Esta palavra não é demais. Ainda imagino Sísifo voltando para o seu rochedo, e a dor que estava no começo. Quando as imagens da terra se apegam demais à lembrança, quando o chamamento da felicidade se torna demasiado premente, acontece que a tristeza se ergue no coração do homem: é a vitória do rochedo, é o próprio rochedo. O imenso infortúnio é pesado demais para se carregar.

(...)

Deixo Sísifo no sopé da montanha! Encontramos sempre o nosso fardo. Mas Sísifo ensina a fidelidade superior que nega os deuses e levanta os rochedos. Ele também julga que tudo está bem. Esse universo enfim sem dono não lhe parece estéril nem fútil. Cada grão dessa pedra, cada estilhaço mineral dessa montanha cheia de noite, forma por si só um mundo. A própria luta para atingir os píncaros basta para encher um coração de homem. É preciso imaginar Sísifo feliz".

* * * * *

COMENTÁRIO

Antes de proceder ao comentário propriamente dito, é preciso deixar algumas notas prévias. Conjugar Benjamin Franklin com Albert Camus na temática do empenho é, admitamo-lo, uma escolha algo excêntrica. Todos perceberão que os dois autores provêm, não só de épocas e continentes diferentes, mas de universos intelectuais, práticos e políticos incomensuráveis. Sendo isto verdade, a nossa escolha está sujeita a reparos pertinentes. Contudo, a nossa intenção passa, em larga medida, por suscitar no leitor uma experiência intelectual peculiar e provocante. Não queremos obter nenhum confronto entre os dois autores, no qual um deles obtenha a vitória sobre o outro. Também não intentamos elaborar uma conciliação improvável entre ambos. O que se pretende neste capítulo é perceber se existe algum modo de assimilar ideias, propostas, conselhos, provocações, oriundas de duas mundividências aparentemente tão separadas.

O tema a que nos propomos, o empenho, sendo um pilar essencial na determinação de uma dada forma de encarar a vida, está também sujeito a uma desvalorização levada a cabo por outras formas rivais de entender a condição humana. Imaginemos, pois, um diálogo entre um homem com longa experiência de vida e bem sucedido, por um lado, e um homem revoltado contra si próprio e contra a experiência de um divórcio intensamente vivido entre as suas aspirações mais profundas e a realidade nua e crua do dia-a-dia, por outro. Será um diálogo desse tipo possível, ou não passará de pura imaginação? A ser possível, em que moldes? Seremos obrigados a escolher uma perspectiva em detrimento da outra? Será possível aprender com as duas em simultâneo? Serão os bons conselhos (por alguns designados de "paternalistas", "burgueses" ou "conformistas") irreparavelmente ingénuos perante o desafio absurdo de Sísifo? Estará o repto lançado por estes "filósofos do absurdo" completamente destituído de relevância? O convite que endereçamos ao leitor é o de escutar os nossos dois autores, inserir as suas perspectivas na problemática do empenho e formar um juízo acerca da validade das suas propostas e/ou desafios.

O empenho, apesar de não constituir uma virtude, consiste numa disposição que envolve um conjunto de qualidades humanas. Benjamin Franklin, no seu texto, permite-nos detectar algumas delas. A partir de *The Way to Wealth* conseguimos identificar as seguintes qualidades adstritas ao empenho: o trabalho (ou laboriosidade), a disciplina, o sacrifício, a dedicação (ou diligência), a disponibilidade, responsabilidade (ou uma certa auto-suficiência), a atenção (uma minúcia que não deixa escapar o mais ínfimo pormenor), a paciência, a perseverança e a constância. No entanto, estas qualidades só podem ser identificadas na dinâmica geral de uma atitude empenhada. É a pessoa empenhada e a sua actividade que revelam estas qualidades, ou seja, investigamos a jusante, a partir dos efeitos dessa atitude.

Averiguemos cada um dos efeitos ou consequências da atitude empenhada sobre a vida humana.

Em primeiro lugar, aparece a vida simplificada. "O que chamamos *tempo suficiente aparece sempre como tempo insuficiente*: levantemo-nos e sejamos activos, e activos com propósito; de modo a que com diligência façamos mais e com menos perplexidade. *A preguiça torna todas as coisas difíceis, mas a laboriosidade torna tudo fácil*". Esta passagem invoca implicitamente uma qualidade específica, a do trabalho ou laboriosidade. O trabalho parece distender o tempo. Com mais tempo, é mais fácil também enfrentar as coisas da vida. Com esta facilidade desaparecem correlativamente as perplexidades que marcam o percurso normal da vida de cada um. Ora, a qualidade do trabalho aqui referenciada sugere energia direccionada. Trata-se, portanto, de energia produtiva. Na verdade, esta reflexão admite que vivemos num mundo em que um dos bens mais escassos, senão o mais escasso, e, portanto, valioso, é o tempo. Temos pouco tempo. O preguiçoso é um esbanjador. Mais ainda, ele é um criminoso; ele "mata" o tempo. Estranho paradoxo: o preguiçoso tem pouco tempo, e o pouco tempo que tem é por si aniquilado. Na medida em que ele precisa de tempo para viver bem, ele comete um dos mais graves crimes contra a sua própria humanidade.

Em segundo lugar, aparece um conjunto de consequências relacionadas entre si, a saber, a saúde, a riqueza e a sabedoria. "*A preguiça corre tão devagar*

que a pobreza depressa a ultrapassa, como lemos em Poor Richard, que acrescenta, *conduz as tuas tarefas, não deixes que elas te conduzam*; e *cedo para a cama, e cedo acordar, torna um homem saudável, rico e sábio*".
Perdoe-se o tom cândido e pueril. A recomendação de Franklin deve ser enquadrada por duas qualidades humanas distintas, uma das quais foi já tratada. Falamos do trabalho ou laboriosidade e da disciplina. O horário do homem de trabalho deve ser religiosamente cumprido. A disciplina que um homem cria para si mesmo permite-lhe disciplinar as tarefas que tem perante si. Quer isto dizer, o controlo ou a disciplina que regra a totalidade da vida humana começa com a acção disciplinadora do homem face a si mesmo. Para Ben Franklin, até a saúde física se inclui nos efeitos benéficos que resultam da aceitação e prática da disciplina.

A relação entre trabalho e disciplina, por um lado, e o sustento e a acumulação de riqueza, por outro, pode ser mais óbvia, mas não menos importante. "Se formos laboriosos nunca morreremos de fome; pois, tal como diz Poor Richard, *na casa do homem trabalhador a fome espreita, mas nunca se atreve a entrar*". A obtenção do sustento realiza-se perante a ameaça permanente da penúria. A acumulação de riqueza, ou de bens materiais, é necessária, pois a ameaça da carência é permanente, e os recursos que a mantêm fora da nossa casa nunca são suficientes para afastá-la definitivamente.

Mas a riqueza ou prosperidade de que nos fala Franklin tem uma outra dimensão a considerar para além da mera posse de bens materiais. A prosperidade assente no trabalho diligente gera ainda o respeito dos outros, efeito que é assinalado por Ben Franklin de forma algo cómica: "*O tecelão diligente tem uma parte maior, e agora eu tenho uma ovelha e uma vaca, toda a gente me deseja bom dia...*". E quanto à sabedoria? Se assumirmos como sabedoria um modo precavido e previdente de controlar as contingências da sua vida, então o homem de trabalho e disciplinado é o único que pode reivindicar o estatuto de sábio.

Em terceiro lugar, Ben Franklin aponta para a noção de gratificação diferida. O que significa isto? "*Não há ganhos sem dores*", diz-nos Franklin. A satisfação dos desejos e necessidades presentes deve ser em muitos casos preterida em favor da sua satisfação futura. Como tal, em nome de um prazer futuro somos obrigados a sacrificar o prazer imediato. Daí que uma certa disposição para a abnegação, renúncia, em suma, para o sacrifício, seja crucial até para o homem que procura somente o prazer. Assim sendo, toda a forma de empenho comporta sempre um certo espírito de sacrifício. O homem empenhado é inevitavelmente o homem que renuncia.

De seguida, encontramos a seguinte passagem: "Para quem não encontrou um tesouro, nem tem parentes ricos, *a diligência é a mãe da boa sorte*". Por outras palavras, o que o nosso autor sublinha é o facto de, com dedicação e disponibilidade, cada um de nós estar mais capacitado para fazer a sua própria sorte. Quando apenas se pode confiar nas suas próprias forças, quando o destino é adverso ou não cooperante, quando não se é bafejado pela roda da fortuna, a realização dos projectos pessoais depende, em larga medida, da dedicação e da disponibilidade para abraçar os trabalhos associados à sua prossecução. A dedicação e a disponibilidade tutelam a atitude de entrega que é, no fundo, nuclear para a conduta empenhada.

Mas há ainda outro aspecto do mesmo problema a considerar, e que faz ressaltar outras duas qualidades. Atente-se: "confiar demasiado no cuidado dos outros é a ruína de muitos". Juntamente com a diligência e a disponibilidade, estaremos na presença de uma apologia da auto-suficiência total ou perfeita? De modo algum. Apenas se condena a atitude diametralmente oposta. Confiar demasiado nos outros parece indicar desleixo, despreocupação e falta de empenho na condução dos assuntos que nos dizem respeito, em suma, desresponsabilização individual. A exortação à assunção de responsabilidade pessoal sugere não só uma preocupação especificamente moral, mas também prudencial. Aquele que não assume as suas responsabilidades é incapaz de responder aos desafios da vida. O destino do homem irresponsável não lhe pertence; e isto constitui, nas palavras de Franklin, a "sua ruína".

A segunda qualidade em causa é a atenção. Mas que género de atenção? Trata-se de um cuidado com pequenos pormenores. Na verdade, grandes problemas decorrem de se negligenciarem pequenos pormenores; daí que nenhum pormenor seja pequeno. *"Por faltar um prego perdeu-se a ferradura; por faltar uma ferradura perdeu-se o cavalo, e por faltar um cavalo perdeu-se o cavaleiro"*. Aquilo que designamos por atenção é precisamente a qualidade que nos impede de considerar pequenos detalhes sob a forma de minudências, isto é, questões irrelevantes e que podem ser ignoradas sem daí advirem grandes consequências.

Por último, chega uma brevíssima exortação, mas de enorme significado e consequências. *"Pequenos golpes abatem grandes carvalhos"*. Podemos reproduzir a imagem do trabalho do lenhador dizendo que pequenos esforços geram grandes resultados. Eis o lenhador equipado com um pequeno machado frente a um obstáculo portentoso. Meios escassos para tamanho objectivo. Como derrubar o carvalho, ou como adequar meios exíguos a objectivos gigantescos? A primeira ideia que ressalva é uma conduta insistente. Mas será que não podemos substanciar um pouco mais esta conduta? Certamente. Trata-se de um labor paciente, perseverante e constante. Tem um ritmo próprio, uma cadência exaustiva e um calendário demorado.

Este é o resumo possível das teses de Franklin sobre o homem empenhado. No fundo, são bons conselhos que podemos ouvir de uma voz experiente, empreendedora e optimista. Em certas ocasiões, estes conselhos podem soar a lições antiquadas, a ditados fora de moda ou a preceitos tantas vezes ouvidos na nossa infância. Mas é precisamente por soarem assim que estão expostos à crítica, por vezes ao ridículo, e são alvos de revolta.

Espontaneamente, o leitor perceberá que poderão existir muitos e variados géneros de revolta contra esta abordagem de Franklin. Tomemos como exemplo o famoso mito de Sísifo. De acordo com este mito, Sísifo é obrigado a empurrar sucessiva e incessantemente uma enorme e pesada pedra até ao cume de uma montanha. Uma vez aí chegada, a pedra regressa ao ponto de partida, e Sísifo retoma o trabalho. É assim apresentada uma imagem extremamente sugestiva do que poderá ser entendido como um trabalho "inútil e sem esperança". A cada passo da sua extenuante subida, a pergunta que assalta Sísifo é sempre a mesma: para quê trabalhar? Qual o sentido desta tarefa que jamais termina? Será este o "castigo mais terrível" que se pode impor ao homem? Enquadrando agora esta perplexidade no nosso tema: se todo o trabalho é "inútil e sem esperança", que razões podem ser dadas para fundamentar o empenho? Como vimos, Franklin não reconheceria esta premissa. Mas não estarão contidos nos seus conselhos alguns recursos para uma possível interpretação que responda a este desafio? Lá chegaremos. Entretanto, examinemos a força do desafio que é colocado.

Sabemos que o objecto primário de Albert Camus não é a nossa questão do empenho. Mas em certo passo do texto, Camus nota que "o operário de hoje trabalha todos os dias da sua vida nas mesmas tarefas, e esse destino não é menos absurdo". Porquê absurdo? Para o autor, as dores e agruras associados a um esforço longo e monótono não podem ser justificadas pelo apelo ao fruto de expectativas ulteriores ao próprio desempenho da tarefa. Admitamos, como hipótese de reflexão, que a condição humana corresponde exactamente a este diagnóstico. Não é preciso um salto de imaginação excepcionalmente grande para proceder a esta admissão. Afinal, quantas vezes não se escapam entre os dedos os "frutos" esperados do trabalho, ao qual nos dedicámos tão arduamente. Quantas vezes o objectivo ao qual tudo foi sacrificado revela, assim que é atingido, a sua essencial vacuidade. Se esta hipótese for razoável, não é menos razoável aceitar que quem passa todo o tempo a olhar para o fim nunca chega a começar nada. Adquirida a consciência de que aquilo que tratámos como hipótese é real, como verter uma gota de suor seja pelo que for? Noutros termos, não será esta a negação de qualquer motivação para o empenho?

Muitos poderão responder: "movemo-nos por grandes objectivos". Ainda assim, essa resposta é frágil. Camus sugere que as grandes expectativas têm como resultado inevitável as grandes desilusões, algo que acentua a miséria. A consciência do absurdo de todas as tarefas deve ser estendida a todo e qualquer objectivo ulterior esperado de qualquer actividade. Essa consciência é, segundo Camus, humanizadora, mas não deixa de acentuar a infelicidade. Contudo, Camus despede-se com uma curiosa sentença: "É preciso imaginar Sísifo feliz". Que espécie de "alegria" ou, diríamos nós, motivação, é necessária para reproduzir incessantemente as mesmas tarefas, abdicando das grandes expectativas? Perante o absurdo, perante expectativas sempre ilusórias e irrealizáveis, será possível motivar para o empenho? Camus diz: "A própria luta para atingir os píncaros basta para encher um coração de homem". Bela tirada. Será verdadeira? Em suma, a percepção do homem revoltado estará adequada às condições prévias do empenho?

Voltemos agora aos conselhos de Ben Franklin. É que nas suas passagens podemos talvez encontrar mais recursos do que sugere uma primeira impressão. Há qualquer coisa que nos faz regressar sempre aos conselhos paternos. Recordemos um dos passos já referidos: "levantemo-nos e sejamos activos, e activos com propósito; de modo a que com diligência façamos mais e com menos perplexidade. *A preguiça torna todas as coisas difíceis, mas a laboriosidade torna tudo fácil"*. O momento crucial desta passagem consiste no apelo à diligência de modo a que "façamos mais e com menos perplexidade". Franklin parece dizer que com mais empenho, menos absurda será a tarefa empenhada e os seus custos.

Não estamos a tornear o desafio do homem revoltado, mas a perspectivá-lo de modo alternativo. No mesmo sentido, não acreditamos que a actividade humana possa ser totalmente desenquadrada de qualquer tipo de fim a atingir. Os fins que orientam a actividade empenhada nos nossos dias podem ser facilmente apreendidos: o sustento próprio, o proporcionar à sua família condições dignas de existência, a obtenção de auto-estima ou a inserção no tecido social. Estes fins são, sem dúvida, exteriores à própria actividade, mas não é menos constante a sua presença na motivação para a laboriosidade. É verdade que até estes fins são postos em causa por uma atitude excessivamente revoltada. Mas não podemos deixar de notar que os fins mencionados são visados na vida quotidiana da maioria dos homens.

Todavia, a averiguação da tese segundo a qual estes fins podem ser submergidos na escuridão do absurdo permite-nos aceder a uma outra perspectiva sobre a realidade do empenho. Este pode constituir-se como fonte de sentido que atenua a perplexidade. A resposta à desmotivação por expectativas frustradas ou insucessos, pelo desgaste da rotina e da monotonia, pela sobreposição de múltiplas tarefas de grande exigência, vem precisamente do empenho. Não há gosto genuíno pelas tarefas sem uma atitude de empenho na própria actividade. A "alegria" do empenho pode acrescentar-se assim à promessa da recompensa. Por si só, esta última pode revelar-se, mais tarde ou mais cedo, como factor insuficiente de motivação.

No entanto, quando enunciámos anteriormente certos fins orientadores do trabalho empenhado não avançámos aquilo que o leitor provavelmente considerou, a saber, que esses fins são, simultaneamente, exigências incontornáveis. São, por razões óbvias, muito mais (ou muito menos) do que simples recompensas ou gratificações. Por exemplo, providenciar o sustento da família e dar o melhor aos seus filhos não se inscrevem exactamente na pauta de grandes objectivos a atingir. São, antes de mais, obrigações ou deveres indeclináveis, que apontam para a presença inexorável de tarefas a realizar. Com ou sem grandes recompensas, a tarefa está sempre aí para ser cumprida. Todo o homem tem uma pedra para carregar.

O apelo ao empenho depara-se com o desafio da ausência de sentido. O nosso texto conduziu-nos à percepção de que o trabalho empenhado, bem como as qualidades que lhe estão adstritas, são fontes de sentido da actividade. A desmotivação ou a desilusão que assalta regularmente o agente de um trabalho árduo e monótono, em última análise, encontra no empenho incessantemente alimentado uma das condições básicas (senão a fundamental) da sua superação. Nestas circunstâncias, motivar torna-se uma tarefa extraordinariamente difícil. Afinal, não há medalhas, o mundo não se mostra reconhecido, não se ouvem aplausos da plateia. E, no entanto, o dia seguinte está aí, com tarefas por cumprir, trabalhos a realizar. Como encarar esse novo dia? Franklin exorta: "podemos fazer destes tempos, tempos melhores se nos mexermos". O empenho encontra em si mesmo o seu próprio alimento e, por esse meio, desenha o horizonte de sentido necessário. Como é costume dizer no mundo do entretenimento: *the show must go on*. Certo, mas prossigamos o espectáculo com "alegria" e um sorriso aberto.

O Empenho na Adversidade Extrema: uma Historia do *Gulag*[6]

No sistema soviético de campos de trabalho forçado, uma das estratégias de sobrevivência mais comuns era resumida na palavra *tufta*, que significava, em traços gerais, "enganar o chefe". Consistia no conjunto de práticas levadas a cabo pelos prisioneiros no sentido de abrandarem ou de se escusarem por completo à realização de certas tarefas. Vários factores permitiam esta possibilidade: a ausência de supervisão em determinadas áreas, a utilização de relações pessoais e de amizade com os supervisores ou o recurso ao suborno presente em todos os graus da hierarquia.

Os objectivos estabelecidos pelos chefes dos campos e as normas que enquadravam os trabalhos eram extremamente exigentes. As normas estavam normalmente associadas a prémios ou recompensas muito apetecíveis a pessoas em semelhante condição. Há descrições de prisioneiros que se matavam a trabalhar procurando cumprir a norma tendo por objectivo arrecadar quilo e meio de pão. Nada mais os incentivava a sujeitar-se a tal regime senão esta

---

[6] Elaborado a partir de APPLEBAUM, Anne. *Gulag. Uma história*, Porto, Civilização Editora, 2004.

pequena grande recompensa. Para nós, quilo e meio de pão não constitui grande recompensa; mas para prisioneiros vítimas da fome durante longos períodos, isto poderia representar uma paga bastante respeitável. Quanto aos que tentavam evitar na medida do possível o rigor do trabalho, os verdadeiros responsáveis pela sua atitude de fuga consciente não era a preguiça, nem o suposto desprezo pelo regime político que os oprimia. Tratava-se muito simplesmente da luta pela sobrevivência; em condições terríveis, num clima desfavorável, com uma alimentação deficiente e cuidados médicos a condizer, evitar o trabalho poderia significar a desejada sobrevivência. O mais interessante não é perceber que o sistema fazia dos prisioneiros autênticos escravos, mas compreender que produzia escravos com "a psicologia de escravos". A falta de empenho e de evasão às tarefas, o fazer o menos possível, pautava a atitude geral dos prisioneiros nos campos de trabalho forçado soviéticos.

Contudo, alguns testemunhos da experiência pessoal nesses campos fornecem ampla matéria para a reflexão em torno do empenho no trabalho. Apesar do nosso comentário anterior prefigurar contextos muito distintos do *Gulag*, não deixa de ser extremamente interessante notar a afinidade de ambas as análises. Atentemos, então, ao testemunho de alguns memorialistas.

V. K. Yasnyi, prisioneiro durante cinco anos na década de 40, escreve: "Tentávamos trabalhar honestamente e não era por medo de perdermos a nossa ração, ou acabar na cela de isolamento (...). [O] trabalho duro, e era isso que havia na nossa brigada, ajudava-nos a esquecer, ajudava-nos a pôr para trás das costas os nossos pensamentos mais ansiosos". Uma outra prisioneira de Estaline, Alla Shister, relatou à historiadora Anne Applebaum: "Sempre trabalhei como se fosse livre. A minha personalidade é assim, não consigo trabalhar mal. Se tem de se escavar um buraco, continuo a cavar até ele estar pronto". Após algum tempo, Shister seria promovida a chefe de brigada. Isso deveu-se ao facto de os supervisores repararem que ela "trabalhava não como um preso trabalhava, mas com todas as minhas forças".

Vladimir Petrov, recluso em Kolyma, apercebeu-se que havia diferenças assaz significativas entre os grupos de prisioneiros que trabalhavam empenhadamente e aqueles que não o faziam. No seu relato lê-se que os mais trabalhadores "[e]stavam incomparavelmente mais limpos. Mesmo nas condições de vida extremamente duras do campo tinham conseguido lavar a cara todos os dias e, quando não conseguiam arranjar água, usavam a neve. Também estavam mais bem vestidos (...) [e] mais calmos. Não se apinhavam junto aos fornos, sentavam-se nos seus beliches a fazer qualquer coisa ou a conversar sobre os seus assuntos. Mesmo vista de fora a sua tenda parecia diferente". Impressionado com o que viu, Petrov pediu para ser transferido para junto do grupo dos trabalhadores empenhados. A transferência foi concedida, mas a sua estadia junto desse grupo foi muito breve. "Ele foi expulso da brigada, que não podia tolerar fraquezas".

Estes exemplos extremos da vida no *Gulag* não podem servir como paradigma das condições normais que contextualizam a vida profissional do homem ou da mulher comum. Contudo, estes mesmos exemplos, como todos os exemplos extremos, põem a nu um conjunto de traços essenciais da actividade empenhada. O empenho aparece, uma vez mais, como criador de sentido, com reflexos positivos na vida quotidiana. Embora muitos sentissem um certo fascínio pelo cumprimento de normas extremamente exigentes, pelo alcance de objectivos grandiosos, e outros tantos procurassem assegurar as recompensas materiais disponibilizadas, vimos nestes relatos que não era essa a motivação principal para o empenho. Num mundo sombrio e absurdo como o leitor decerto reconhecerá nos campos do *Gulag*, muitos descobriram no trabalho empenhado a resposta para o desafio da ausência de sentido. É verdade que não havia sorrisos no *Gulag*; mas a vida quotidiana via-se alimentada por um acréscimo de significado que permitia enfrentar o dia seguinte com menos desespero. Para muitos a estratégia de sobrevivência passava por fugir ao trabalho; para outros a sobrevivência não seria possível sem um mínimo de sentido. Num meio tão adverso, esse sentido só poderia provir da motivação persistentemente sustentada.

CAPÍTULO VII

Conflito

Santo Agostinho (354-430) nasceu em Tagaste, província da Numídia, actual Sukh Ahras, na região oriental da Argélia. Agostinho viveu grande parte da sua vida no mundo romano do Norte de África. Filho de um pagão e de uma cristã (Sta. Mónica), Agostinho realizou os seus estudos em Tagaste, Madaura e Cartago. Foi nesta cidade que teve contacto e ingressou na seita maniqueia. Em 383, mudou-se para Roma e um ano depois já era rector na cidade imperial de Milão. Foi aí que, sob a influência do cepticismo da Nova Academia, abandonou a seita maniqueia e se converteu ao cristianismo sob os auspícios do Bispo Ambrósio. Recebeu o baptismo no ano de 387. Em 396, tornou-se Bispo de Hipona.

A sua vida decorreu num momento bastante atribulado da história do Império Romano. Na noite de 24 de Agosto de 410, Roma foi saqueada pelo exército godo de Alarico. As novidades depressa chegaram ao Norte de África, e associado ao espanto geral pela queda da Cidade Eterna, estendeu-se a convicção de que o abandono do culto aos deuses ancestrais de Roma pesara na desgraça. A partir da obra *Revisões*, sabemos com precisão qual foi a razão que deu origem à elaboração da obra que também ficaria conhecida entre alguns especialistas por *Confissões do Mundo Antigo*. "Os adoradores da multidão dos falsos deuses a quem chamamos pagãos, tentando responsabilizar por esse flagelo a religião cristã, começaram a blasfemar do verdadeiro Deus com uma virulência e um azedume desacostumados. Por isso é que eu, ardendo em zelo pela causa de Deus, me decidi a escrever os livros acerca da *Cidade de Deus* em resposta às suas blasfémias ou erros".

O excerto retirado pertence ao livro onde se disserta sobre o fim das duas cidades, a terrena e a celeste. Entre outros temas, o autor debruça-se em profundidade sobre vários tópicos que concernem à vida social, nomeadamente a inexorabilidade do conflito que assalta constantemente as coisas humanas.

Thomas Hobbes (1588-1679) nasceu em Malmesbury, na Inglaterra. Foi um dos pensadores políticos mais marcantes do século XVII e, sem dúvida alguma, um dos mais polémicos. Entre as suas principais obras contam-se *De Cive* e *Leviatã*. Com o estalar da Guerra Civil inglesa, que opôs o Parlamento ao rei Carlos I, Hobbes exilou-se em França, mais concretamente em Saint-Denis junto da corte do então Príncipe de Gales e futuro Carlos II. Aí, foi durante algum tempo tutor do príncipe. Uma relação de amizade entre os dois homens perdurou até ao fim da vida de Hobbes. Foi também em França que se juntou ao grupo de filósofos liderado por Mersin de Mersenne e por Pierre Gassendi, e se envolveu numa feroz disputa com René Descartes.

A obra cujo excerto é aqui reproduzido é também o seu livro mais famoso. Em *Leviatã*, Hobbes expõe com toda a probabilidade de forma definitiva a sua epistemologia, a sua teoria das paixões, a doutrina da soberania e do direito natural. Porém, toda a sua teoria política assenta na concepção do chamado "estado de natureza". Por "estado de natureza" ou "condição natural da humanidade", Hobbes entende a situação em que vivem os homens no momento anterior à constituição do Estado. Não se pode associar o "estado de natureza" a algum momento histórico concreto. Trata-se, antes, de um conceito apurado através da "inferência das paixões humanas". Este recurso conceptual penetraria bem fundo na consciência filosófica europeia, e a tradição contratualista que Hobbes em larga medida inaugurou perdura até aos nossos dias, tendo como representante mais consagrado o teórico americano John Rawls. A descrição mais impressiva do "estado de natureza" aparece no capítulo XIII. É precisamente o fragmento mais conhecido desse capítulo que aqui reproduzimos.

St.º Agostinho, *Cidade de Deus*, XIX.5,7

5. "(...) Mas quem será capaz de enumerar quantos e quão grandes são os males da sociedade humana mergulhada nas desditas desta vida mortal? Quem poderá avaliá-los convenientemente? Ouçam um dos seus cómicos, que, com a aprovação de todos, exprime o sentir dos homens:

Casei-me com uma mulher: que miséria que eu lá vi!
Nasceram os filhos: mais cuidados!

E que dizer daqueles desvios que o mesmo Terêncio comemora no amor:

Injúrias, ciúmes, inimizades, guerra e de novo a paz:

por toda a parte não estão as situações humanas cheias destes desvios? Não se encontram eles, a maior parte das vezes, mesmo nas mais honestas amizades dos amigos? Não estão cheias deles, por toda a parte, as situações humanas onde sentimos as injúrias, os ciúmes, as inimizades e a guerra como males certos e a paz como um bem incerto porque desconhecemos o coração daqueles com quem queremos mantê-la, e, se hoje podemos conhecê--los, não saberemos o que serão amanhã?

Quais são os que costumam ou devem ser entre si mais amigos do que os que habitam na mesma casa? E, todavia, quem é que lá se encontra seguro, quando, muitas vezes, devido às suas ocultas insídias, surgem males tamanhos, tanto mais amargos quão doce tinha sido a paz, que se tinha julgado sincera, mas que com toda a astúcia se simulava. Por isso é que penetra no peito de todos, até os fazer gemer, o que Cícero disse:

> *Não há insídias mais ocultas do que as que se escondem sob a aparência do dever ou sob outro nome de obrigação. Na verdade, o que é abertamente teu adversário, facilmente podes evitá-lo desde que tomes as devidas precauções. Mas esse mal escondido, interno, doméstico, não se limita a existir: antes de poderes dar por ele e investigá-lo, ele ataca-te.*

(...) Se o próprio lar, refúgio comum para os males do género humano, não é lugar seguro – que dizer da *civitas* que, quanto maior é, tanto mais os seus tribunais regorgitam de questões cíveis e criminais, embora às vezes cessem as insurreições e as guerras civis tão turbulentas e, por vezes, o que é ainda mais frequente, tão cruentas? Destas calamidades podem os Estados estar livres às vezes, mas nunca da ameaça dessas calamidades!"

7. "Depois da urbe (cidade), vem o orbe (Terra) ... É principalmente neste que a diversidade das línguas torna o homem um estranho para o homem. De facto, se dois homens, nenhum dos quais conhece a língua do outro, caminharem ao encontro um do outro mas, por qualquer razão, em vez de se cruzarem têm de ficar no mesmo lugar – é mais fácil que dois animais mudos, mesmo de género diferente, convivam em sociedade, do que aqueles dois, apesar de serem homens. Efectivamente, quando não podem comunicar um ao outro o que sentem apenas por causa da diversidade da língua, de nada serve para levar os homens ao convívio social a sua tão grande semelhança de natureza – e tanto é assim, que o homem tem mais prazer em estar com o seu cão do que com um estrangeiro".

THOMAS HOBBES, *Leviatã*, cap. XIII

"De modo que na natureza do homem encontramos três causas principais de discórdia. Primeiro, a competição; segundo, a desconfiança; e terceiro, a glória.

A primeira leva os homens a atacar os outros tendo em vista o ganho; a segunda, a segurança; e a terceira, a reputação. Os primeiros usam a violência para se tornarem senhores das pessoas, mulheres, filhos e rebanhos dos outros homens; os segundos, para se defenderem; e os terceiros por ninharias, como uma palavra, um sorriso, uma diferença de opinião, e qualquer outro sinal de desprezo, quer seja directamente dirigido às suas pessoas, quer indirectamente aos seus parentes, aos seus amigos, à sua nação, à sua profissão ou ao seu nome.

Com isto torna-se manifesto que, durante o tempo em que os homens vivem sem um poder comum capaz de os manter a todos em respeito, eles se encontram naquela condição a que se chama guerra; e uma guerra que é de todos os homens contra todos os homens. Pois a guerra não consiste apenas na batalha, ou no acto de lutar, mas naquele lapso de tempo durante o qual a vontade de travar batalha é suficientemente conhecida. Portanto, a noção de tempo deve ser levada em conta quanto à natureza da guerra, do mesmo modo que quanto à natureza do clima. Porque tal como a natureza do mau tempo não consiste em dois ou três chuviscos, mas numa tendência para chover durante vários dias seguidos, assim também a natureza da guerra não consiste na luta real, mas na conhecida disposição para tal, durante todo o tempo em que não há garantia do contrário. Todo o tempo restante é de paz.

Portanto, tudo aquilo que é válido para um tempo de guerra, em que todo o homem é inimigo de todo o homem, o mesmo é válido também para o tempo durante o qual os homens vivem sem outra segurança senão a que lhes pode ser oferecida pela sua própria força e pela sua própria invenção. Numa tal situação não há lugar para a indústria, pois o seu fruto é incerto; consequentemente, não há cultivo da terra, nem navegação, nem uso das mercadorias que podem ser importadas pelo mar; não há construções confortáveis, nem instrumentos para mover e remover as coisas que precisam de grande força; não há conhecimento da face da Terra, nem cômputo do tempo, nem artes, nem letras; não há sociedade; e o que é pior do que tudo, um constante temor e perigo de morte violenta. E a vida do homem é solitária, pobre, sórdida, selvagem e curta".

* * * * *

COMENTÁRIO

Principiamos pelo que é mais evidente. Os assuntos humanos estão sempre ameaçados pelo conflito e não há nenhuma dimensão da vida da qual a ameaça do conflito esteja garantidamente ausente. A que se deve tal omnipresença? É possível vislumbrar duas causas distintas, mas intimamente relacionadas, da presença constante do conflito. Por um lado, o outro homem é um desconhecido, na medida em que muito dificilmente deixa transparecer os seus desejos, aspirações, motivações e paixões. Ele é sempre um enigma. Surge como uma interrogação fugidia. Por outro lado, ainda que possamos aceder num determinado momento a um conhecimento minimamente satisfatório dos seus desejos e paixões, não podemos prever o seu desenvolvimento futuro. A inconstância da alma humana inviabiliza a certeza desse conhecimento e tudo isto multiplica as situações em que o desconhecido é visto como estranho e ameaçador. Daí que as situações humanas sejam férteis em conflitos, os quais todo o momento põem em causa a convivência sã e ordenada. É por isto que "sentimos as injúrias, os ciúmes, as inimizades e a guerra como males certos e a paz como um bem incerto porque desconhecemos o coração daqueles com quem queremos mantê-la, e, se hoje podemos conhecê-los, não saberemos o que serão amanhã?"

O leitor poderá retorquir que estas observações mais não são que outras tantas referências ao problema da invisibilidade ou opacidade nas relações humanas. Sem dúvida. Mas queremos destacar o seguinte aspecto. Na verdade, não falamos de relações marcadas pela hipocrisia, por comportamentos dissimulados, que podem ser detectados com maior ou menor dificuldade. O problema é mais profundo. Evocamos aqui as alterações de comportamento ou de atitude que, em rigor, não podem ser descritas como hipócritas. Por exemplo, falamos da alteração de atitudes benevolentes, assentes na sinceridade e boa-fé, para comportamentos dirigidos por intenções maliciosas e desonestas. Referimo-nos, pois, a uma inconstância radical do coração humano, que torna os comportamentos alheios literalmente imprevisíveis e insusceptíveis de conhecimento, bem mais difíceis de detectar do que a mera hipocrisia e duplicidade. Isto é, apelamos àqueles desvios que se encontram "mesmo nas mais honestas amizades dos amigos". E aqui encontramos S. Agostinho que nos faz ver que neste mundo "o homem é um estranho para o homem".

Hoje é comum citar-se indiscriminadamente uma certa máxima: "mantém os teus amigos por perto, mas mantém os teus inimigos ainda mais perto". Os autores clássicos, no entanto, viram que o problema do conflito excede em complexidade as pressuposições que constituem a referida máxima. No fundo, a preocupação que a origina percepciona que não podemos ser presas dos nossos inimigos por negligência, desatenção ou descuido. Mas S. Agostinho sugere-nos algo ainda mais grave. Dada a inconstância do coração humano, o amigo e o inimigo podem ser a mesma pessoa. A compreensão devida desta hipótese obriga-nos a confrontar a noção de proximidade. A proximidade aqui invocada está relacionada com o alcance da consciência, com a familiaridade com o outro num estado de alerta constante.

A proximidade entendida num sentido estritamente físico não resolve a dificuldade sugerida por S. Agostinho.

A dificuldade gerada pelo facto de amigo e inimigo poderem ser a mesma pessoa faz da previsão ou antecipação uma tarefa quase impossível: citando Cícero, a partir de S. Agostinho, "antes de poderes dar por ele e investigá-lo, ele ataca-te". Como vemos, as causas de discórdia podem ser agravadas por um terceiro factor que não identificámos no início. O estado de alerta e a necessidade de prevenção contra o ataque de origem insuspeita, amarram-nos a uma lógica de desconfiança permanente, e, num caso mais extremo, de ataque preventivo.

É precisamente a partir desta problemática que se desenvolve a reflexão do nosso segundo autor. Não só a consciência da opacidade e incerteza nas relações humanas gera uma constante desconfiança que está na base de situações de conflito, mas também a competição e a procura da glória contribuem para exacerbar o carácter tensional destas situações. É fácil perceber porque é a competição uma das causas de discórdia. Segundo Hobbes, a escassez de recursos leva a uma luta concorrencial espontânea, sem regra nem limite. E como se isso não bastasse, eis que aparece a busca de glória ou a vaidade. Para Hobbes, não se pode iludir o facto de a vaidade da reputação ser um factor gerador de conflito, dado que amplifica de sobremaneira a susceptibilidade nas relações entre pessoas. Assim que se introduz o desejo de glória nas relações humanas, todas as ofensas, todos os elogios, todos os sinais de apreço ou de desdém, condicionam o comportamento em comunidade. Pela lupa da vaidade, o gesto mais insignificante, o sorriso mais inocente, o gracejo mais brando, é interpretado, ou como uma afronta insuportável que exige vingança, ou como um louvor insuperável que desperta nos outros a inveja intolerável. À luz da paixão do orgulho, pequenas "ninharias" transformam-se em grandes tumultos.

Resumindo, são estas as causas mais comuns daquilo a que, em tempos idos, foi chamado o "estado de guerra". Porquanto a guerra ou o conflito não consistem apenas no acto de lutar, mas estão presentes desde logo em todo o ambiente de tensão, de desconfiança recíproca, no qual o ataque é, pelo menos, *possível*, e a atitude defensiva é uma constante. Adoptando uma linguagem mais familiar, o conflito que aqui retratamos assemelha-se a uma "Guerra Fria", que foi definida por essa voz incontornável das relações internacionais, Raymond Aron, como "guerra improvável, paz impossível".

O conflito latente – a guerra fria –, por um lado, pode degenerar no deflagrar de uma guerra aberta e mortífera, e, por outro lado, não permite o desenvolvimento dos bens que advêm de uma cooperação saudável – a paz. Esta é uma das passagens mais inesquecíveis da história do pensamento ocidental: "Numa tal situação não há lugar para a indústria, pois o seu fruto é incerto; consequentemente, não há cultivo da terra, nem navegação, nem uso das mercadorias que podem ser importadas pelo mar; não há construções confortáveis, nem instrumentos para mover e remover as coisas que precisam de grande força; não há conhecimento da face da Terra, nem cômputo do tempo, nem artes, nem letras; não há sociedade; e o que é pior do que tudo, um constante temor e perigo de morte violenta. E a vida do homem é solitária, pobre, sórdida, selvagem e curta". É impossível para o homem adaptar-se a estas circunstâncias. O conflito apela sempre à sua superação, que, não sendo inexorável, constitui a tarefa mais urgente, prioritária e exigente.

O conflito é negador das condições necessárias à consecução de um projecto cooperativo. Nessa medida, ao abordarmos a temática da cooperação, um pouco mais adiante, devemos ter sempre em vista a relação que estes capítulos mantêm entre si. Desse modo, os capítulos subsequentes dedicados à ordem e à cooperação devem ser compreendidos à luz da resposta que o nosso problema solicita. Contudo, não queremos deixar de contribuir com alguns *pequenos antídotos* que podem minorar os efeitos corrosivos de um ambiente conflituoso. Sublinhamos que estes antídotos servem apenas o intuito de atenuar esses efeitos, pois a superação completa do problema colocado pelo conflito exige recursos e abordagens mais complexas e abrangentes.

Dado que a opacidade e a incerteza nas relações humanas, bem como o estado de alerta consciente, podem ser fontes de conflito, parece ser por evidente que todas as organizações devem propiciar um ambiente e uma esfera de articulação das acções que atenuem a opacidade e reduzam a incerteza. Neste sentido, o ambiente ou o contexto adequado será aquele que fomenta uma certa aproximação ou contacto. Que tipo de aproximação? Com certeza, aquela que possibilite uma familiarização com os comportamentos, as reacções, os raciocínios, as expectativas e os desejos de todos e cada um dos membros da equipa, de modo a reduzir, tanto quanto possível, a estranheza do outro. Todavia, esta preocupação de modo nenhum pode ser confundida com o apelo tantas vezes veiculado por alguns "especialistas" de assemelhar a empresa ou organização a uma família. A transformação da empresa numa família, mesmo que fosse possível, não resolve o problema. Até porque esta suposta solução comporta um risco essencial, a saber, o fomento da ilusão de que os laços estabelecidos entre os membros indicam uma proximidade que, na realidade, não existe. A confiança nesta solução tão apregoada não constituirá uma máscara que disfarça o que se pretende que seja explícito? Por outro lado, não se pode exigir à socialização da comunidade empresarial um grau maior de intimidade do que ela pode dar. Promover o conhecimento recíproco das pessoas não passa por escamotear os elementos que as diferenciam e distanciam.

Por outro lado, a concorrência não é susceptível de anulação. Nem seria desejável que o fosse. O suposto conflito gerado pelo movimento concorrencial não pode ser enfrentado através de medidas que visem a sua abolição. E ainda bem que assim é, porque a nível organizacional a concorrência em si mesma não é um mal. Claro está, torna-se uma fonte de conflito quando não há regras gerais, públicas e inteligíveis, que a enquadrem. Recuperamos aqui o mesmo tipo de soluções que já encontrámos no capítulo dedicado ao autodomínio. Nesse capítulo, sustentámos que a contenção das paixões não passava por exterminar a liberdade que as alimentava. Procurava-se controlar os efeitos nocivos e fomentadores de conflito das paixões, contrapondo a paixão à paixão. Assim, o controlo a que a concorrência deve ser sujeita está relacionado com o estabelecimento de regras que a tornem leal, estimulante, construtiva e operacional.

Passemos à ânsia de "glória". Ninguém nega que a reputação constitui um bem prosseguido por todos. Razão tinha Aristóteles ao dizer que a honra e a glória dependem tanto de quem as confere como de quem as procura. Isto levanta uma dificuldade. Na verdade, a reputação é um valor relativo na medida em que supõe sempre uma comparação com um outro, estabelecendo-se por essa via uma gradação no reconhecimento. Essa gradação ocorre mesmo no seio de uma equipa onde todos sejam formalmente iguais, isto é, na qual todos ocupem a mesma categoria na organização. Os problemas gerados pela coexistência de uma estrutura que contém escalões no interior dos quais todos são iguais, a par de uma diferenciação informal, cujo critério é a reputação atribuída pelos pares e por superiores hierárquicos, poderão ser muito sérios. A tentação imediata seria a de tentar sufocar o desejo de reputação. Tal seria uma solução análoga à do extermínio da liberdade para controlar as paixões. Seja como for, jamais podemos descurar as ânsias e o poder da vaidade humana. Que fazer, então?

Apesar do reconhecimento poder ser entendido como um bem que tem num contexto competitivo o seu ambiente natural, ele deve ser transferido para um contexto cooperativo no seio do qual perca (pelo menos em parte) o seu carácter exclusivo. Passamos a explicar. Habitualmente, a reputação consiste num bem cuja posse por um indivíduo exclui a sua posse por parte de outros. É preciso, pois, assegurar um ambiente organizacional que distinga e premeie claramente diferentes qualidades, capacidades, competências e contributos profissionais, que com frequência geram admiração, prestígio, honra, louvor, enfim, reputação. Os membros da equipa têm de sentir que o prestígio pode ser (e deve ser) efectivamente conferido de distintas formas a distintas qualidades. Mais concretamente, o responsável pelo grupo de trabalho deve estar consciente de que elogiar as mesmas qualidades e desempenhos a pessoas diferentes conduz à diluição dos efeitos motivacionais do elogio, banalizando-os. E deve perceber ainda que o elogio das mesmas qualidades poderá ter uma outra consequência perniciosa. Sendo sempre a mesma qualidade que é elogiada, a reputação que se gera a partir do louvor do chefe pode tornar-se objecto de competição ardente e desleal. Em certo sentido, sugerimos que todos os membros da equipa podem satisfazer a sua sede de reputação. Tal dependerá da capacidade de leitura (por parte do líder) das qualidades necessárias para as diferentes funções. A um, o líder elogiará a iniciativa; a outro, a versatilidade; a outro ainda, a dedicação. A "glória", a "vaidade", em suma, a reputação, despontará a partir de diferentes qualidades e de forma menos conflituosa.

Segundo esta perspectiva, o que poderá constituir alvo de proibição absoluta? Em nenhuma equipa poderá existir uma qualidade que monopolize o louvor e o *reconhecimento preferencial*, para que ninguém se sinta completamente secundarizado na reputação associada às qualidades profissionais necessárias para a sua tarefa.

Por último, referimos o potencial destrutivo da difamação que vulgarmente designamos por mexerico. A insistência na divulgação e exposição dos pontos fracos dos parceiros pode ser fortemente minimizada se cada membro for reconhecido nesta ou naquela qualidade relevante. É que a exposição destrutiva dos pontos fracos dos outros é uma outra forma de revelar falta de confiança e o pequeno antídoto por nós sugerido, ao qual podemos chamar *a arte do elogio (qualitativamente) diferenciado*, permite que o reconhecimento restitua a confiança moderada em si mesmo que todos procuram.

De modo telegráfico, concluamos apelando a Hobbes. Se o estado de conflito não "consiste apenas na batalha, ou no acto de lutar, mas naquele lapso de tempo durante o qual a vontade de travar batalha é suficientemente conhecida", então o objectivo essencial dos pequenos antídotos aqui apresentados consiste em encurtar o mais possível esse lapso de tempo.

Para pequenos males, pequenos remédios: um caso de manual[7]

Um exemplo de encontros e desencontros no seio de uma equipa de trabalho é descrito por Michael B. McCaskey. O autor narra a formação de um grupo de desenvolvimento de novos produtos no interior de uma empresa de média dimensão, sediada nos arredores de Boston, EUA. Esta empresa dedicava-se à produção e venda de mobiliário para crianças. Embora gozasse de uma posição dominante no mercado, o seu presidente confrontava-se com problemas relacionados com o desenvolvimento de novos produtos. Decidiu-se, pois, a formar uma nova equipa que se concentrasse exclusivamente nessa área. Para esse efeito, contratou pessoal novo que fornecesse diversidade de experiências, competências, entusiasmo e imaginação. Reuniu-se, então, um grupo de oito pessoas, que se desconheciam totalmente, cujas competências eram substancialmente diferentes, assim como o eram as suas características pessoais e hábitos de trabalho. Desde o primeiro

---

[7] Elaborado a partir de MCCASKEY, Michael B. "A Framework for Analyzing Work Groups" in *Managing Behavior in Organizations. Text, Cases, Readings*, eds. Leonard A. Schlesinger, Robert G. Eccles, John J. Gabarro, [s. l.], McGraw-Hill, 1983, pp. 4-24.

momento, o presidente da empresa percebeu que a criatividade da equipa seria maximizada se lhe fosse concedida liberdade e encorajamento. Apenas exigiu a entrega regular (bissemanal) de um relatório do progresso dos trabalhos e de um relatório financeiro mensal. Tirando a entrega destes relatórios, a equipa possuía inteira liberdade para se organizar.

No dia da apresentação do grupo, o presidente mostrou-lhes as suas novas instalações, incentivou ao conhecimento recíproco e disse-lhes que podiam organizar o espaço de trabalho como bem entendessem. O grupo passou as semanas seguintes a familiarizar-se com a empresa e a ocupar os três gabinetes contíguos que lhe estavam destinados. Uma vez instalados, algumas rotinas foram muito rapidamente geradas. Entre elas, destacamos o hábito de trazer o almoço de casa e de se tomar a refeição no gabinete intermédio. Durante o almoço decorriam espontaneamente reuniões de *brainstorming*. Qualquer um podia iniciar o *brainstorming*, mas na realidade eram os ocupantes do gabinete do meio que normalmente começavam as sessões. Tudo isto aprofundou a interacção e propiciou um maior contacto pessoal.

À medida que se instalou uma dinâmica eficaz no grupo, foi despertando o entusiasmo no seu seio, gerando-se a intensificação da interacção entre os seus membros. Contudo, assistiu-se, correlativamente, à formação de pequenos grupos dentro do grupo de trabalho, nos quais duas ou três pessoas trabalhavam mais proximamente. Nestes moldes, a tensão e a fricção começaram a manifestar-se. Um dos exemplos de tensão foi ilustrado por um facto interessante. Um dos membros do grupo era sempre convidado a participar nas sessões de *brainstorming* quando desenvolvia o seu trabalho. Este optava por não interromper a tarefa que tinha em mãos, mesmo que isso significasse a sua ausência das reuniões. Por faltar muitas vezes às sessões, os outros membros do grupo zombavam do seu comportamento alegadamente insociável. Quando se constatou que o seu comportamento não se alterava sob pressão da troça, então o grupo passou a excluí-lo das conversas informais. Dada esta perturbação, foi sugerido que se discutisse a frequência e o propósito das reuniões. Em resultado da discussão, admitiu-se que a ausência esporádica de colegas nestas sessões não ameaçava a produtividade. Por conseguinte, o membro excluído voltou a participar nas reuniões informais, mas permaneceu sempre à margem do grupo.

Um outro incidente é digno de registo. Trabalhavam lado a lado dois membros da equipa muito diferentes. Um, desorganizado; o outro, extremamente arrumado. Engendrou-se um atrito sério entre os dois. Foi então que um terceiro membro levou para discussão, meio a brincar, meio a sério, este facto a uma das sessões de grupo. Decidiu-se, então, uma troca de lugares que resolveu a situação.

Através deste narrativa sucinta, vemos este grupo de trabalho a desenvolver formas de interacção e a estabelecer padrões de comportamento. O início da interacção foi acompanhado por novos motivos de conflito. Mas o grupo depressa percebeu que a superação desse conflito pressupunha que a opacidade nas relações inter-individuais fosse reduzida e que o contacto entre todos fosse devidamente articulado. O nível de aproximação adequado acabou por ser aquele que possibilitou e fomentou a frontalidade e a discussão aberta. Nos dois incidentes, os focos de tensão foram resolvidos através da comunicação transparente de modo a tornar os comportamentos, as reacções e as expectativas de cada um dos membros da equipa, mais conhecidos e assim mais estáveis. Por esta via, procurou-se reduzir, o mais possível, a estranheza do outro e com isso reduzir a aspereza e a frequência do conflito.

Mas não só. Neste caso assistimos ainda aos efeitos destrutivos de um processo difamatório, particularmente, com a divulgação e exposição do comportamento insociável de um colega. O conflito despontou porque a equipa, em qualquer uma das suas instâncias, foi incapaz de reconhecer as qualidades positivas (por exemplo, o empenho, a persistência, a dedicação) que caracterizavam o desempenho global do colega excluído. A sociabilidade foi interpretada como uma qualidade que detinha louvor exclusivo e o reconhecimento preferencial. O pequeno remédio que o caso apresenta é bastante nítido: após discussão franca e aberta sobre o problema, a equipa tomou consciência de que a falta do colega tinha uma importância muito relativa no desempenho produtivo da equipa. Com esta relativização foi esbatida a primazia conferida a um único aspecto das competências e comportamentos profissionais e foi aberto o caminho para a aceitação da necessidade do reconhecimento diferenciado.

CAPÍTULO VIII

Ordem

Herman Melville (1819-1891) legou à história da literatura universal uma das suas obras-primas, *Moby Dick*. Nova-iorquino de nascimento, Melville não teve uma adolescência fácil. A morte do seu pai deixaria a família em sérios apuros financeiros, e a continuação dos seus estudos foi uma das primeiras vítimas da pobreza. Forçado a aproveitar todas as oportunidades de trabalho, em 1837, Melville embarcou num navio assumindo as funções de criado de bordo. Quatro anos depois, Melville integrou a tripulação do baleeiro *Acushnet* que se dirigia aos Mares do Sul. Após vários meses de provações, o escritor fugiu com um outro companheiro quando o navio ancorou nas ilhas Marquesas. Nestas paragens exóticas, Melville foi aprisionado por uma tribo de canibais, escapando a uma morte certa quando conseguiu embarcar num baleeiro australiano. Mais tarde, Melville alistou-se na marinha de guerra, completando a sua experiência de vida no alto mar, que tanto marcaria a sua obra literária.

Moby Dick é, como se sabe, a narrativa de uma tripulação de um baleeiro comandado pelo sinistro Ahab, cuja obsessão consistia na caça do maior de todos os prémios do mar: a baleia branca. Todavia, muitos intérpretes notam que a baleia branca aparece como o símbolo do Mal. A imagem da caça sugere que o Mal não pode ser ignorado por ninguém, apesar de nem todos estarem destinados a confrontá-lo desta forma tão explícita. Por outro lado, Ahab representa a persistência, a energia, a determinação assente num orgulho incomparável. Enquanto caçador da baleia, Ahab representa o orgulho cego que apenas pode ser consumado com a vitória ou destruído pela derrota. É significativo que a epopeia termine com a perdição de Ahab no confronto com a baleia poderosa.

A cena aqui reproduzida decorre no convés do *Pequod*, já muitos dias depois de ter zarpado de Nantucket. Como nos é descrito, Ahab raramente se deixava ver. A personalidade do capitão e a reacção que desperta em Stubb, um dos marujos, prendem a atenção do leitor. O choque previsível entre os dois homens confirma todos os rumores com que o leitor se familiarizou ao longo da obra. O poder arrogante do capitão e os conflitos de consciência do subordinado são as duas partes do problema humano exposto com tanta mestria por Melville.

Alexis de Tocqueville (1805-1859) nasceu na Normandia, em França, no berço de uma família aristocrática. Do corpo geral da sua obra ressalta uma enorme paixão pela história e pela política. Os títulos que o imortalizariam são *O Antigo Regime e a Revolução* e *Da Democracia na América*. Este último foi elaborado durante a sua estadia no continente americano, cujo propósito inicial fora o de estudar o sistema penitenciário vigente nos EUA. Para além de autor, Tocqueville teve uma breve experiência política: foi deputado entre 1839 e 1848; depois da Revolução de Fevereiro de 1848, foi eleito para a Assembleia Constituinte e faria parte da comissão encarregada de redigir a nova constituição republicana. Seria também Ministro dos Negócios Estrangeiros durante alguns meses do ano de 1849. O golpe de Estado de Napoleão III deitaria por terra as aspirações políticas que porventura ainda acalentasse.

O excerto que aqui citamos é retirado de *Da Democracia na América*, obra considerada por vários comentadores da história do pensamento social e político como o melhor livro jamais escrito sobre a democracia e o melhor jamais escrito sobre a América. Nesta obra, Tocqueville analisou em profundidade esse movimento histórico de igualização das condições sociais e do triunfo da soberania popular, que ele designava por "democracia". Tocqueville tinha uma atitude ambivalente perante o movimento democrático. A reflexão sobre a validade e as virtudes da democracias acompanha a crítica profunda das piores manifestações da igualdade, do individualismo, do conformismo e da "tirania da maioria". Para diversos analistas, a noção de "despotismo suave" é ainda hoje assaz relevante para a interpretação das sociedades contemporâneas. Em *Da Democracia na América*, Tocqueville procedeu ao exame das múltiplas manifestações do fenómeno democrático em simultâneo com a comparação da democracia com a aristocracia. O texto que aqui reproduzimos atesta bem esse método tão característico em Tocqueville.

HERMAN MELVILLE, *Moby Dick*, Entra Ahab. Depois, Stubb.

"(...) e não era decorrido muito tempo quando o velho emergia, apoiando-se ao balaústre de ferro para auxiliar os passos estropiados. Não era totalmente destituído de sentimentos humanos, pois sempre que subia ao convés abstinha-se de realizar rondas na coberta da popa para não perturbar os oficiais que procuravam repousar a menos de seis polegadas do seu calcanhar de marfim. Com efeito, aquele andar ósseo sobre as pranchas do convés devia repercutir nas câmaras um rangido capaz de suscitar aos dorminhocos pesadelos de dentes de tubarão a mastigar. Mas de certa vez o mau humor venceu todas as considerações e Ahab pôs-se a martelar o convés da roda da popa ao mastro principal. Stubb, o segundo oficial, surgiu na coberta e, com um certo humor hesitante, sugeriu ao capitão que se era seu desejo passar a noite a percorrer a coberta ninguém o podia impedir, mas que havia por certo qualquer meio de eliminar o ruído. E murmurou com certa indecisão e exprimindo-se confusamente, qualquer coisa sobre envolver o tacão de marfim com um bola de estopa. Ah! Stubb, ainda não sabias nessa altura a espécie de homem a quem falavas!

– Sou alguma bala de canhão, Stubb – perguntou Ahab –, para me quereres tratar desse modo? Segue o teu caminho; já esqueci tudo. (...) Desce, cão, recolhe-te ao canil!

Sobressaltando-se com a última e inesperada expressão de desprezo do capitão, Stubb ficou um momento sem fala antes de protestar irritadamente:

– Não estou habituado a que me tratem desse modo, Sir; não me agradam nada essas maneiras, Sir.

– Basta! gritou Ahab por entre os dentes e começando a afastar-se bruscamente como para evitar qualquer gesto impetuoso e violento.

– Não, Sir, ainda não, não consinto que me chamem cão impunemente.

– Então chamo-te dez vezes burro, dez vezes mula e dez vezes asno, e vai-te embora antes que eu limpe o mundo da tua presença.

E, dizendo isto, Ahab avançou sobre Stubb com uma expressão tão aterradora que o oficial recuou involuntariamente.

– Nunca fui tratado assim sem responder com um bom par de murros – murmurou Stubb quando se encontrou a descer a escotilha a caminho da cabina. – É muito estranho. [Para si] Espera, Stubb; na verdade não sei se deva voltar para trás e agredi--lo; ou se deva ajoelhar e rezar por ele. Sim, este pensamento ocorreu-me; mas também seria a primeira vez que rezava. Estranho, muito estranho, e ele também é estranho. Por mais voltas que dês, hás-de concordar, Stubb, que o velhote é o tipo mais estranho com quem jamais viajaste. Com que fulgor olhou para mim! Os seus olhos pareciam pólvora! Será um louco? Tem qualquer coisa na cabeça, isso tem (...) Um velhote ardente! aposto que ele deve ter aquilo que a gente da Terra chama um caso de consciência; dizem que é uma espécie de tique doloroso – pior que uma dor de dentes. Bem, bem, não sei o que isso é, mas só desejo que Deus me livre de saber (...) é tão estranho... Mas não vale a pena quebrar a cabeça, é sempre a velha história: toca a dormir. (...) Bem, lá vamos outra vez. Mas o que é isto? Não me chamou ele cão?... Raios! e chamou-me dez vezes burro e ainda por cima adjudicou aos burros uma cabazada de asnos! E podia até ter-me dado um pontapé no rabo sem que eu reagisse. Quem sabe se não deu mesmo, sem eu perceber; estava tão perturbado com a sua expressão terrível... Mas que tenho eu? não me aguento nas pernas. A minha pega com o velho voltou-me do avesso. Deus meu, estou com certeza a sonhar! Como? Como? mas o único remédio é aguentar e calar; portanto toca a voltar para o beliche. Amanhã, à luz do dia, veremos melhor o aspecto das coisas".

ALEXIS DE TOCQUEVILLE, *Da Democracia na América,* **II.iii.25.**

"(...) Existem, com efeito, dois tipos de disciplina que não devem ser confundidos.

Quando o oficial é nobre e o soldado servo, quando um é rico e o outro pobre, um é esclarecido e forte e o outro ignorante e fraco, é fácil estabelecer entre eles o mais estreito dos laços de obediência. O soldado encontra-se, por assim dizer, vergado à disciplina militar ainda antes de ingressar no exército, ou melhor, o tipo de disciplina que este impõe é apenas um aperfeiçoamento da servidão social. Nos exércitos aristocráticos, o soldado chega facilmente a ficar como que insensível a todas as coisas, excepto às ordens dos seus chefes. Age sem pensar, triunfa sem ardor e morre sem se queixar. Nessa situação, ele já não é um homem, mas continua a ser um animal temível adestrado para a guerra.

Os povos democráticos têm de desistir da ideia de obterem alguma vez dos seus soldados essa obediência cega, minuciosa, resignada e sempre igual que os povos aristocráticos lhes impõem com facilidade. O estado social não os prepara para isso: arriscar-se-iam a perder as suas vantagens naturais para poderem adquirir outras de modo artificial. Nos povos democráticos, a disciplina militar não deve procurar anular o livre desenvolvimento das almas; só pode aspirar a orientá-lo; a obediência que cria é menos exacta, mas mais impetuosa e mais inteligente, e enraíza-se na própria vontade daquele que obedece; ela não se apoia somente no seu instinto, mas também na sua razão, pelo que muitas vezes se fortalece a si própria quando o perigo a torna necessária. A disciplina de um exército aristocrático diminui facilmente durante uma guerra, porque se funda em hábitos que a guerra vem perturbar. Ao invés, a disciplina de um exército democrático fortalece-se perante o inimigo, porque cada soldado tem plena consciência de que é preciso calar-se e obedecer para poder vencer.

Os povos que realizaram os feitos mais notáveis através da guerra não conheceram outra disciplina diferente da que falo. Na Antiguidade, o exército só abria as suas fileiras a homens livres e a cidadãos, os quais diferiam pouco uns dos outros e estavam acostumados a tratar-se de igual para igual. Nesse aspecto, podemos dizer que os exércitos da Antiguidade eram democráticos, apesar de saírem do seio da aristocracia; eis porque reinava uma espécie de confraternidade familiar entre o oficial e o soldado. Apercebemo-nos disso ao ler *A Vida dos Grandes Capitães*, de Plutarco. Aí vemos como os soldados falavam continuamente de forma muito livre, com os seus generais, e estes ouviam de bom grado os discursos dos seus soldados e respondiam-lhes. Conduziam-nos muito mais por palavras e exemplos do que pela obrigação e pelos castigos. Dir-se-ia serem tão companheiros quanto chefes".

* * * * *

COMENTÁRIO

A bordo do *Pequod*, encontramos duas personagens características. O tenebroso capitão Ahab, com a sua perna de marfim, governa o navio tendo em vista a captura do maior de todos os prémios, o lendário cetáceo Moby Dick. Conhecemos também o segundo oficial Stubb, que nesta cena aqui reproduzida interpela e desafia o seu capitão. Ahab tem uma reputação de crueldade e rigidez. Trata-se de um homem possuído por uma obsessão que lhe tolda as ideias e os comportamentos. Contudo, não é desprovido de sentimentos. Como lemos, é habitualmente atencioso às necessidades dos seus subordinados. Mas nessa noite ele manifesta todo o seu mau-humor. Não é esse o seu estado de espírito permanente, mas como sucede com todos os capitães a sua disposição não é sempre a mesma. Tem os seus dias.

Por sua vez, Stubb desempenha o papel de porta-voz das necessidades e reivindicações da tripulação. Fá-lo de um modo que reflecte o reconhecimento da existência e poder da hierarquia. Quando interpela o capitão Ahab, exibe uma certa hesitação e indecisão. Intervém de maneira algo atrapalhada e reverente. O seu intuito é o de solicitar ao capitão que reduza o ruído provocado pela sua passada óssea e que impede o sono dos marujos. A sua sugestão tem o seu quê de ridículo. Basta visualizar a figura do capitão caminhando com a perna de marfim envolta numa bola de estopa.

Ahab reage em conformidade. Quando apreendemos a reacção de Ahab à sugestão atrapalhada e mal ponderada de Stubb, começamos a perceber que desde o início Ahab não queria considerar qualquer sugestão. A sua atitude não é de mera indignação perante o ridículo da proposta de Stubb. Ahab provoca e insulta-o. Essa é a exteriorização mais explícita de uma atitude extremamente autoritária. É um exemplo do "quero, posso e mando". As deixas de Ahab são caracterizadas por termos muito agressivos na expressão verbal da ordem e na imposição da disciplina: "desce, cão, recolhe-te ao canil!"; "chamo-te dez vezes burro, dez vezes mula e dez vezes asno, e vai-te embora antes que eu limpe o mundo da tua presença".

A agressividade destes insultos visam deliberadamente atentar contra a dignidade do subordinado, diminui-lo no seu amor-próprio e roubar-lhe a auto-estima. Será esta sucessão de vitupérios um acto gratuito? Aparentemente, sim. Mas se nos transferirmos para a personalidade de Ahab reparamos que, para o capitão, a imposição de ordem comporta o rebaixamento da posição do subordinado. Segundo a ideia de ordem e disciplina do capitão Ahab, as diferenças hierárquicas são realçadas e concretizadas por recurso ao uso e abuso de termos verbais e gestos ameaçadores. Para Ahab, existe um discurso e uma fisionomia do terror que são aplicados ao enquadramento das relações de subordinação. Ahab não se escusa, bem pelo contrário, a recorrer ao medo como motivador da obediência.

O leitor decerto estará recordado da nossa sucinta referência ao medo enquanto paixão auxiliar do autodomínio. Porém, o medo de que aqui falamos estrutura-se segundo contornos assaz distintos. No contexto do autodomínio, o medo aparece como um alerta impessoal que é solicitado através de um esquema geral e público de castigos. Na situação descrita por Melville, Ahab procura suscitar o medo pela ameaça pessoal sustentada na intervenção directa e na proximidade física. Para além do mais, ele é o homem que ocupa a posição hierarquicamente superior, e que até nem goza de uma figura imponente, enorme ou portentosa. A sua compleição não pode ser descrita como ameaçadora. Trata-se de um velho coxo e tosco. Mas grita e tem o insulto na ponta da língua. Perde a cabeça, baba-se, não sabe, nem quer saber.

A reacção de Stubb vale a pena ser analisada. Na verdade, o homem que acabou de ser insultado reage involuntariamente. A sua obediência é, pelo menos à primeira vista, instantânea. Assim o vemos, maltratado a descer a escotilha a caminho da cabina. Mas durante esse percurso eis que Stubb é assaltado por um conflito interior. Ele cumpre a ordem, mas não sem evitar a perplexidade. É precisamente neste momento que Melville oferece o interessantíssimo monólogo interior de Stubb. Qual é o dilema de Stubb? Quais as alternativas que se lhe colocam?

Sublinhamos, uma vez mais, que Stubb cumpre a ordem, mas no seu interior permanece uma forte tensão entre duas alternativas: a subordinação ou a insubordinação. Esta indecisão não é, sem mais, um acto de sedição. A dúvida não é em si mesma sinónimo de opção pela rebelião contra a hierarquia estabelecida. E, no entanto, é impossível escamotear uma revolta interior. Essa revolta ou inquietação desdobra-se em duas condutas possíveis de acção. A possibilidade de subordinação sustenta-se primordialmente pela já referida imposição do medo e da ameaça. Mas não se esgota aí. Vemos como Stubb procura em várias passagens desvendar razões elucidativas da agressividade demonstrada pelo capitão. Mais curiosa ainda é a tentativa de conjugação das razões hipotéticas que explicam o comportamento agressivo com a sua atitude de resignação. E em que se sustenta a possibilidade de insubordinação? A resposta é simples e directa. A dignidade ferida de Stubb constitui o motivo único que o leva a não excluir a insubordinação.

O drama psicológico vivido por Stubb é contínuo e irreprimível: "o velho voltou-me do avesso". A resolução de uma tensão tão poderosa afigura-se muito difícil. A aceitação da hierarquia é contraposta à força de uma frustração pessoal. Stubb oscila entre o respeito pela hierarquia e o respeito por si mesmo. Stubb é, ao fim e ao cabo, um oficial cumpridor. Para ele, as relações hierárquicas são indiscutíveis: "o único remédio é aguentar e calar". Tornam-se problemáticas apenas quando o seu superior as transforma de modo a conflituarem com a sua dignidade pessoal. A sua fidelidade aos princípios que regem uma hierarquia está bem patente na tentativa quase desesperada, mas persistente, de justificar um comportamento aparentemente injustificável.

Neste tipo de ordem autocrática, deparamo-nos com uma forma peculiar de tensão entre o líder e o subordinado. Do ponto de vista do espectador externo, essa tensão não é completamente perceptível dado que a ordem foi cumprida. Todavia, ao vermos mais longe percebemos que a tensão do conflito entre ambos foi transferida para o interior do subordinado. A ordem numa organização estruturada hierarquicamente nunca é totalmente aferida a partir do cumprimento exterior dos preceitos e comandos emanados das instâncias dirigentes. É preciso aceder ao modo como as ordens são assimiladas e interpretadas pelos seus destinatários. O que se passou a bordo do *Pequod* é bastante ilustrativo desta nossa advertência. A obediência que resultou da ordem autocrática, imposta de forma arbitrária e de modo atemorizador, não foi espontânea, nem consentida. Apesar de imediata e pronta, acabou por ser problematizada pelo subordinado. Mais do que uma fria problematização, Stubb interiorizou um autêntico conflito que lhe abriu as portas à possibilidade impensável da rebelião.

Voltemos, por momentos, a um capítulo anterior. Aquando da nossa reflexão sobre a persuasão, afirmámos que «a transmissão unilateral, impositiva e autoritária dos propósitos do líder pode gerar reacções rebeldes, e fomentar a indisciplina silenciosa». Também neste caso, a atitude referida do "quero, posso e mando" produz os seus efeitos nefastos para a boa ordem e sã convivência entre todos os membros de uma organização. Em última análise, essa atitude poderá pôr em causa a hierarquia que estrutura a organização. A ordem autocrática encontrará subordinados resignados, mas não sujeitos empenhados, prestáveis e dedicados.

O excerto do famoso livro de Alexis de Tocqueville, *Da Democracia na América*, permite-nos abordar o problema da ordem a partir de perspectivas diferentes. Por um lado, transitamos para outro tipo de empresa. No capítulo em causa, Tocqueville refere-se explicitamente a empresas militares. Por outro lado, Tocqueville elabora uma análise tipicamente contextualista. Se com Melville o tema da ordem e da disciplina tinha por cenário um navio em alto mar isolado de qualquer contexto social abrangente, já com Tocqueville é-nos oferecido um tratamento comparativo entre duas situações sociais e políticas que enquadram organizações humanas. Assim, deparamo-nos com um entendimento da vida militar no contexto democrático e no contexto aristocrático. O tema central consiste na observação de dois tipos de disciplina presentes na organização militar.

Comecemos pela disciplina militar no contexto aristocrático. Em que condições é mantida a disciplina num tecido social deste género? A sociedade aristocrática é marcada por condições de desigualdade pronunciada. Essa desigualdade é transversal. As diferenças marcam o quotidiano e os costumes de todos. Manifestam-se em várias dimensões, a saber, a social, a económica e a cultural. São precisamente estas condições de desigualdade profunda que facilitam a transição da disciplina e hierarquia da vida quotidiana para o regime disciplinar da organização (militar). Neste regime, a obediência é cega e mecânica. "[O] soldado chega facilmente a ficar como que insensível a todas as coisas, excepto às ordens dos seus chefes. Age sem pensar, triunfa sem ardor e morre sem se queixar". O problema da dignidade humana não se coloca às organizações porque as condições sociais envolventes facilitam esta adaptação plena a um estado de sujeição resignada e de obediência inquestionada. Ou seja, neste universo as noções de hierarquia estão de tal modo interiorizadas ou enraizadas na mentalidade individual e colectiva que toda e qualquer consideração de resistência à ordem vigente é, na prática, muito improvável.

Mas, para os nossos propósitos, o contexto democrático é ainda mais relevante. Assim, na passagem da sociedade aristocrática para a sociedade de tipo democrático, tal como é proposta por Tocqueville, assistimos a uma transfiguração da própria noção de obediência, com resultados pertinentes para o entendimento da disciplina e da ordem. "O estado social não prepara [os soldados]" para uma obediência cega, minuciosa e resignada. Com Tocqueville aprendemos esta importante lição. As organizações no seio de regimes democráticos devem procurar compatibilizar os incontornáveis imperativos disciplinares com "o livre desenvolvimento das almas".

O que se entende por "livre desenvolvimento das almas"? Todo um conjunto de qualidades, algumas das quais foram já objecto da nossa atenção, como, por exemplo, a criatividade, a versatilidade, a voluntariedade, a subjectividade criadora, a coragem e o empenho. Tratam-se de qualidades intimamente associadas à expansão livre da personalidade humana. A disciplina no seio de sociedades democráticas opera tendo em conta uma gama de atributos pessoais que presidem à livre iniciativa e ao florescimento de acções individuais voluntárias. A democracia tenta casar o regime disciplinar impessoal com a subjectividade criadora dos homens.

Neste ambiente, a obediência "enraíza-se na própria vontade daquele que obedece; ela não se apoia somente no seu instinto mas também na sua razão (...)". Daí que os comandos e as ordens recebidas não suscitem um cumprimento tão rigoroso como no ambiente aristocrático. Por ser consentida, a obediência é mais entusiasmada e enérgica, colocando ao serviço do cumprimento da ordem todas as faculdades racionais do agente. O resultado desta alquimia peculiar é deveras admirável. O consentimento da vontade própria e a concorrência da inteligência conjugam-se para reforçar o empenho e a coragem necessários para o cumprimento das ordens. Mas não receemos. A ênfase na individualidade e na subjectividade não põe em causa a eficácia da disciplina.

Se no *Pequod*, isto é, em pleno contexto autocrático, a ordem era imposta (com custos, é certo) de cima para baixo, pisando a dignidade do subordinado; se no contexto aristocrático, os costumes determinavam a expurgação de considerações de dignidade humana; já a sociedade democrática é mais exigente no que toca aos limites colocados à imposição disciplinar devido ao triunfo da individualidade e consequente respeito pela dignidade humana. A concepção de democracia de Tocqueville, na realidade, depende mais da consumação de um ideal de igualdade entre todos os homens. Mas também esta visão particular da democracia nos empurra para a mesma conclusão. Como a igualdade entre todos os homens penetra todos os recantos da sociedade democrática, porque determina os costumes, as ideias, as relações sociais e económicas, todas as concepções de disciplina e obediência que ignorem as pretensões da igualdade são totalmente ineficazes e contraproducentes.

No último parágrafo do excerto de Tocqueville, o autor salienta que numa situação de guerra a disciplina meramente rigorosa e mecanizada dos ambientes aristocráticos dissolve-se com facilidade. Por outro lado, onde reina uma espécie de confraternidade entre o oficial e o soldado, onde os soldados falam de uma forma livre com os seus generais, e em que estes os conduzem muito mais "por palavras e exemplos do que pela obrigação e pelos castigos", o sucesso da empresa é muito mais frequente e notável. Sabendo que a situação de guerra envolve a competição, a concorrência e a incerteza, não será possível concluir que a disciplina tipicamente democrática é também a mais adequada ao mundo empresarial?

Poderão ripostar com a fragilidade de tamanha analogia. Mas permitir-nos-ão que destaquemos o ponto fundamental de Tocqueville. A disciplina democrática parece estar mais adaptada a situações caracterizadas pelo risco e instabilidade permanentes. Não só a disciplina democrática está mais adaptada a estas situações, como se fortalece no confronto com elas. Porquê? Em ambientes aristocráticos, a guerra vem perturbar a hierarquia rígida e ossificada que estrutura a sociedade. Neste sentido, a guerra e a manutenção dos laços sociais regulares são duas coisas contraditórias. Ora, em contextos democráticos essa contradição é fortemente atenuada porquanto os laços de obrigação entre subordinado e chefe são interiorizados conscientemente. Não é uma estrutura hierárquica pré-existente que os gera, mas antes o assentimento individual e a consciência de que o confronto com o perigo requer a obediência e a união de esforços. Na sua posição hierárquica específica, cada um desempenha as suas próprias tarefas, mas existe uma atmosfera que alimenta um sentimento de igualdade e de partilha de um destino comum. Sobre os generais dos exércitos democráticos Tocqueville refere que quase se poderia dizer que são "tão companheiros quanto chefes".

Mas este último ponto força-nos a confrontar algo dito previamente a propósito do tema da liderança. No capítulo I (e, sem coincidências inadvertidas, em torno de um texto de Plutarco), o tratamento da figura do líder levou-nos a afirmar a sua inquestionável superioridade hierárquica. Mas agora sublinhamos o ambiente igualitário e de companheirismo necessário para o fortalecimento de um regime disciplinar eficaz. Haverá uma contradição? De modo algum. O líder Alexandre teve gestos que introduziram a noção de companheirismo e de sacrifícios comuns. Vimos como esses gestos tiveram um impacto positivo, na medida em que os subordinados a tudo se dispuseram para alcançar os objectivos da empresa. Vimos também que um certo impacto negativo foi produzido, concretamente manifestado na morte extemporânea de Dario. Os subordinados julgaram erradamente partilhar algo do seu líder. Nesse momento, as necessárias distinções hierárquicas foram de algum modo esquecidas. Parafraseando Tocqueville, poderíamos dizer que viram em Alexandre apenas um "companheiro", e não um "chefe". Ora, a disciplina democrática não supõe o ofuscamento das relações hierárquicas. O assentimento conferido ao regime disciplinar torna a obediência às instruções dos superiores hierárquicos um acto voluntário, consciente e mais dedicado, sem que isso ponha em causa as necessárias distinções hierárquicas de qualquer empresa funcional.

Permita-nos o leitor encerrar este capítulo com uma sugestão para reflexão ulterior. Todo o comentário alinhou pela ideia de que a "disciplina democrática" acaba por ser a mais pertinente para o contexto em que nos situamos, assim como para a própria noção de ordem. O exemplo dos exércitos democráticos invocado por Tocqueville desperta o seguinte apontamento. A forma disciplinar especificamente democrática adequa-se como nenhuma outra ao contexto empresarial marcado pela competição, concorrência e incerteza. Mas é possível ainda conceber que esse contexto empresarial esteja, por sua vez, inserido num ambiente em que as condições sociais e políticas envolventes não sejam democráticas. Também aí é necessário reproduzir um ambiente de igualdade familiar e de liberdade – sem pôr em causa a hierarquia – em contraste com um possível ambiente autoritário (ou aristocrático) circundante. O nosso comentário não visou o carácter salutar da democracia política e social, mas apenas a superior adequação da "disciplina democrática" aos desafios do mundo mutável e competitivo que as nossas empresas e organizações enfrentam no seu quotidiano. Ainda assim, uma nova perspectiva emerge: a empresa que reproduz no seu interior a "disciplina democrática" pode funcionar como catalisador da democratização dos costumes e das atitudes e do respeito pela dignidade humana no ambiente social e político em que está inserida.

Contudo, o empresário ou o investidor estrangeiro não pode iludir-se quanto às possibilidades desta última sugestão. Afinal, muitos são os ambientes sociais e políticos cujo carácter não democrático cria fortes limitações à livre concorrência. Ora, como vimos, é esta concorrência que sustenta a conformidade da "disciplina democrática" aos desafios das empresas.

Uma Inspiração Deliciosa: as Reflexões de um Cadbury[8]

A *Cadbury Schweppes* dispensa grandes apresentações. Sucintamente, este conglomerado resultou da fusão realizada (1969) entre a empresa fundada por Jacob Schweppes em 1783 e a empresa erigida por John Cadbury em 1824. Graças a uma política agressiva de aquisições no mundo inteiro, o conglomerado detém desde há largos anos uma posição dominante no mercado mundial de refrigerantes e confeitaria. Neste momento, pode reivindicar, em termos globais, o primeiro lugar no mercado da confeitaria, detém a segunda posição no segmento das pastilhas elásticas, e posiciona-se como a terceira maior empresa de refrigerantes.

Em 1992, Adrian Cadbury presidiu ao comité que publicaria o famoso "Relatório Cadbury" (*Report on the Financial Aspects of Governance*) sobre boas práticas de gestão, com o apoio da *London Stock Exchange*.

---

[8] Elaborado a partir de CADBURY, Adrian. *Corporate Governance and Chairmanship. A Personal View*, Oxford, Oxford University Press, 2002.

De 1975 a 1989, ocupou o cadeira de presidente do império *Cadbury Schweppes*. Em 2001, foi galardoado com o *International Corporate Governance Networks Award*.

Foi do seu punho que saiu a declaração de práticas e objectivos para a *Cadbury Schweppes* que aqui reproduzimos parcialmente. Estes princípios foram estruturados tendo em conta as mais exigentes realidades do mercado. Adrian Cadbury está consciente da situação enfrentada pela empresa que dirigiu. Estes são princípios para um mundo competitivo, para uma empresa que, apesar de se orgulhar da sua história, não pretende viver às custas do passado. Cadbury não foge às suas responsabilidades. Segundo ele, o sucesso da sua empresa passa, em larga medida, por fomentar e justificar o orgulho que cada um dos seus colaboradores tem em pertencer à sua organização e àquilo que ela representa. Deixamos o leitor com algumas das suas reflexões mais sintonizadas com o tema deste capítulo.

"A competição eficaz exige clareza na definição dos objectivos. Os objectivos devem ser exequíveis, mas devem exigir que desenvolvamos as nossas capacidades, e não quedarmo-nos por aquilo que já conseguimos dar. Os objectivos devem ser construídos de baixo para cima, mas estabelecidos de cima para baixo. Assim que estão fixados os objectivos, quer ao nível dos departamentos, quer ao nível individual, a discussão termina e a atenção é dirigida para a sua realização. Todos os objectivos centram-se nos indivíduos, que são responsáveis pelos resultados, e portanto devem saber precisamente aquilo que deles se espera. Mas dado que o sucesso da empresa depende da soma destes esforços individuais, o que conta é a forma como estes são coordenados. Na empresa todos devem compreender quais os são objectivos individuais e quais são os objectivos de equipa, e como se integram no projecto global do negócio.

(...) A empresa é composta por indivíduos e o seu sucesso depende do seu empenho colectivo para atingir os seus fins. Tal empenho só pode ser conquistado através da nossa capacidade para obter uma convergência de objectivos individuais, de equipa, e da empresa. (...) De igual modo, isto significa que quando se cometem faltas para com as pessoas o caso deve ser enfrentado de forma aberta e imediata. Deve ser solucionado com a menor perda possível de auto-estima individual, dado que o erro é partilhado por todos. (...)

O princípio de abertura deve aplicar-se a todas as nossas relações dentro e fora da empresa. Daqui se segue que devemos manter todas as pessoas o mais informadas possível dentro dos limites legais da confidencialidade. Também implica disponibilidade para ouvir. Acredito num estilo aberto de gestão e no envolvimento das pessoas nas decisões que as afectam. Porque é correcto fazê-lo e porque ajuda a conciliar os objectivos individuais com os da empresa. A responsabilidade pelas decisões assenta naqueles que foram nomeados para as tomar, mas se as decisões forem fruto de uma deliberação aberta, provavelmente serão melhores e o empenho para com elas maior. A abertura e a confiança são o fundamento de boas relações de trabalho, das quais depende a eficácia da organização. Implicam a aceitação de um equilíbrio mútuo de direitos e deveres entre indivíduos e a empresa.

A empresa reconhece as suas obrigações para com todos aqueles que participam no, e do, seu sucesso – accionistas, empregados, clientes, fornecedores, Estados e sociedade – e procura cumprir as suas responsabilidades para com eles. Procuramos agir como bons cidadãos em todo o mundo e acreditamos que as empresas internacionais que seguem esta abordagem beneficiam os seus países de acolhimento. (...)

O carácter da empresa está nas nossas mãos, colectivamente falando. Herdámos a sua reputação e posição e depende de nós a sua concretização. O orgulho naquilo que fazemos é importante para cada um de nós e encoraja-nos a dar o nosso melhor; esse é o distintivo de uma empresa de sucesso".

CAPÍTULO IX
Cooperação

Adam Smith (1723-1790) nasceu em Kirkcaldy, na Escócia. Professor universitário de carreira, Smith iniciou o seu percurso lectivo na cadeira de Lógica, na Universidade de Glasgow, mas seria como professor de Filosofia Moral que ganharia reputação. Dentre as suas principais obras, destacam-se dois dos grandes emblemas do chamado Iluminismo Escocês: *Teoria dos Sentimentos Morais* e *Um Inquérito à Natureza e Causas da Riqueza das Nações*.

Considerado por muitos o pai fundador da ciência económica, Adam Smith profere um elogio da divisão do trabalho, da expansão comercial e da acumulação do capital, sempre enquadrado pela defesa de uma estrutura institucional que previna os abusos e as distorções nas relações económicas. Ao contrário do que comummente se aventa, a *Riqueza das Nações* não opera uma ruptura entre uma ciência económica positiva, por um lado, e uma ciência normativa, pelo outro. As suas fundações são normativas, incluindo uma crítica sustentada a políticas concebidas para favorecer apenas os interesses estreitos de mercadores.

A passagem incluída neste nosso capítulo é um momento clássico da teoria de Smith. A imagem da "mão invisível" refere essencialmente o processo pelo qual um conjunto de consequências sociais benéficas não intencionadas é assegurado por um sistema de produção de riqueza em que cada um procura satisfazer o seu interesse próprio.

Jean-Jacques Rousseau (1712-1778) nasceu na república calvinista de Genebra. Depois de um trajecto atribulado, Rousseau teve uma experiência que marcaria para sempre a sua vida. Em 1749, quando se dirigia para a prisão de Vincennes com a finalidade de visitar o seu amigo Diderot, Rousseau teve um momento de "iluminação", durante o qual foi-lhe revelada uma intuição que constituiria o ponto de referência de toda a sua obra. "Vi outro universo, e transformei-me noutro homem", escreveu nas *Confissões*. Rousseau teve uma carreira literária fulgurante com a publicação de *Julie ou la Nouvelle Héloïse, Émile, Discurso sobre as Ciências e as Artes, Do Contrato Social, Discurso sobre a Desigualdade entre os Homens*.

Foi desta última obra que retirámos o excerto que aparece neste capítulo. Nessa obra, Rousseau apresenta uma teoria da evolução da espécie humana, e tenta analisar os primórdios da sua existência ("estado de natureza"). É aí que avança algumas das suas teses mais características: a "bondade natural" do homem, a distinção entre "amor de si" e "amor próprio", a corrupção do homem pela vida social, ou a desigualdade como forma de relação humana injusta e destruidora da vida moral sã. Ao longo da obra, Rousseau traça a história do homem desde o abandono do estado de natureza puro, e descreve o modo como a vida humana nas suas várias dimensões se foi alterando.

David Hume (1711-1776) foi um dos maiores filósofos escoceses de sempre. Hume nasceu e estudou em Edimburgo. Mas com a idade de 23 anos abandonou a Escócia rumo a Inglaterra. Autor de obras importantes em domínios como a ética, a metafísica, a história, a religião e a filosofia política, Hume foi uma figura incontornável no século XVIII europeu. Conciliou a sua vida literária com o exercício de funções públicas. Algumas das suas obras integram por mérito próprio o cânone do Iluminismo europeu, onde pontuam *Tratado da Natureza Humana*, *Inquérito sobre os Princípios da Moral*, *Inquérito sobre o Entendimento Humano*, e *Diálogos sobre a Religião Natural*.

Todo o pensamento de Hume tem a marca do seu cepticismo. Assim, na epistemologia como na ética, passando pela política, Hume resistiu sempre à inclinação para se atribuirem fundamentos racionais às crenças, ideias, juízos e comportamentos dos homens. As práticas e os comportamentos humanos dependem, segundo o filósofo escocês, mais de sentimentos e da experiência do que de uma estruturação racional propriamente dita. Muitos dos conceitos tão em voga ainda no século XVIII para dar conta da realidade moral e política, como a lei natural ou o contrato social, foram sujeitos à sua análise crítica. O papel do costume, da tradição, da história, dos sentimentos, da imaginação e das necessidades perenes dos homens, ganharam um novo fôlego com o trabalho de Hume.

As passagens por nós escolhidas provêm de *Tratado da Natureza Humana*, nomeadamente do livro III, que inclui uma discussão sobre a justiça, bem como da origem convencional e espontânea dos arranjos e regras sociais.

O *Génesis* é o primeiro livro do conjunto literário que a tradução grega dos Setenta denominou *Pentateuco*, composto pelos seguintes livros: *Génesis*, *Êxodo*, *Levítico* e *Deuteronómio*. Trata-se daquele livro que apresenta os elementos que permitem a Israel obter uma auto-compreensão da sua história desde a criação do mundo até à situação do povo israelita no Egipto, passando pela referência a Adão e a Noé (Patriarcas do género humano), e por Abrãao,

Isaac e Jacob (Patriarcas do povo judeu). Mantendo uma personalidade, unidade e coerência próprias, o livro do *Génesis* apresenta-se como um momento de demarcação e preparação do acontecimento fundamental para o povo da Aliança que foi a fuga do Egipto.

Desde a mais longínqua antiguidade que se considera ser Moisés o autor do Pentateuco. A exegética e a crítica literária têm vindo a pôr em causa este legado da tradição. Embora a tese da autenticidade mosaica possa ser posta em causa por propriedades literárias de vária ordem, ela também não vai ao ponto de afirmar que foi Moisés o seu compositor único e exclusivo.

Questões como a condição humana, a situação da sociedade, o sentido da vida e da morte, o desejo sexual, a diversidade linguística e nacional, preenchem a estrutura da secção inicial. O trecho que retirámos é o bem conhecido relato da Torre de Babel. A narrativa incide sobre o início de uma cultura urbana, e procura iluminar a origem da pluralidade das línguas, facto próprio de uma cidade cosmopolita como a Babilónia.

ADAM SMITH, *A Riqueza das Nações*, IV.2

"Cada indivíduo esforça-se continuamente por encontrar o emprego mais vantajoso para qualquer que seja o capital que detém. Na verdade, aquilo que tem em vista é o seu próprio benefício e não o da sociedade. Mas o juízo da sua própria vantagem leva-o, naturalmente, ou melhor, necessariamente, a preferir o emprego mais vantajoso para a sociedade.

(...) só está a pensar no seu próprio ganho, e, neste como em muitos outros casos, está a ser guiado por uma mão invisível a atingir um fim que não fazia parte das suas intenções. Nem nunca será muito mau para a sociedade que ele não fizesse parte das suas intenções. Ao tentar satisfazer o seu próprio interesse promove, frequentemente, de uma maneira mais eficaz, o interesse da sociedade, do que quando realmente o pretende fazer. Nunca vi nada de bom, feito por aqueles que se dedicaram ao comércio pelo bem público. Na verdade, não é um tipo de dedicação muito comum entre os mercadores, e não são necessárias muitas palavras para os dissuadir disso.

Jean-Jacques, *Discours sur l'inégalité parmi les hommes*, 2.ª **parte**

"Eis como os homens puderam insensivelmente adquirir algumas ideias grosseiras dos seus compromissos mútuos, e das vantagens em cumpri-los; mas somente na medida em que o seu interesse presente e sensível pudesse exigi-lo; pois a previdência não era nada para eles, e longe de se ocuparem de um futuro distante, eles não supunham sequer um amanhã. Se se tratasse de apanhar um cervo, cada um percebia muito bem que deveria manter-se fielmente no seu posto; mas se uma lebre viesse a passar junto do alcance de um deles, não é preciso duvidar que ele a perseguiria sem escrúpulos, e, tendo apanhado a sua presa, não se preocuparia muito com o facto de ter feito os seus companheiros perder as deles".

DAVID HUME, *Treatise of Human Nature*, **III.2.2,5,7.**

"Dois homens, que puxam os remos de um barco, fazem-no através de um acordo ou de uma convenção, embora nunca tenham prometido nada um ao outro. A regra respeitante à estabilidade da posse não é menos derivada das convenções humanas; ela surge gradualmente e adquire força por um progresso lento (...) Do mesmo modo, as línguas são gradualmente estabelecidas por convenções humanas sem qualquer promessa. Do mesmo modo, o ouro e a prata tornam-se medidas de troca (...)

"(...) eu aprendo a fazer um favor a outro, sem ter por ele uma verdadeira benevolência: porque prevejo que ele retribuirá o meu favor na expectativa de outro favor do mesmo tipo, e de modo a manter a mesma correspondência de influências benévolas comigo e com os outros. De acordo com isto, depois de servi-lo e de ele estar na posse dos benefícios decorrentes da minha acção, ele é induzido a desempenhar o seu papel, antevendo as consequências da sua recusa".

"Dois vizinhos podem acordar em drenar um prado, que possuem em comum; porque é fácil para eles saberem o que o outro pensa; e cada um deles tem de entender que a consequência imediata do não cumprimento da sua parte consiste no abandono de todo o projecto. Mas é muito difícil, e de facto impossível, que um milhar de pessoas possa concordar em semelhante acção; sendo difícil para eles coordenarem um projecto tão complicado, e é ainda mais difícil executá-lo; já que cada um procura um pretexto para se isentar do incómodo e da despesa, e transferirá o fardo completo para os outros.

Génesis, 11: 1 – 9

"Em toda a Terra, havia somente uma língua, e empregavam-se as mesmas palavras. Emigrando do oriente, os homens encontraram uma planície na terra de Chinear e nela se fixaram. Disseram uns para os outros: «Vamos fazer tijolos, e cozamo-los ao fogo». Utilizaram o tijolo em vez de pedra, e o betume serviu-lhes de argamassa. Depois disseram: «Vamos construir uma cidade e uma torre, cujo cimo atinja os céus. Assim, havemos de tornar-nos famosos para evitar que nos dispersemos por toda a superfície da terra.»

O Senhor, porém, desceu, a fim de ver a cidade e a torre que os homens estavam a edificar. E o Senhor disse: «Eles constituem apenas um povo e falam uma única língua. Se principiaram desta maneira, coisa nenhuma os impedirá, de futuro, de realizarem todos os seus projectos. Vamos, pois, descer e confundir de tal modo a linguagem deles que não consigam compreender-se uns aos outros.»

E o Senhor dispersou-os dali por toda a superfície da Terra, e suspenderam a construção da cidade. Por isso, lhe foi dado o nome de Babel, visto ter sido lá que o Senhor confundiu a linguagem de todos os habitantes da Terra, e foi também dali que o Senhor os dispersou por toda a terra".

* * * * *

COMENTÁRIO

Uma das principais figuras da história do pensamento económico, Adam Smith, oferece-nos um primeiro entendimento de cooperação. É possível entendê-la como um processo espontâneo e não intencionado. Isto é, se cada indivíduo cuidar do seu interesse particular parece decorrer daí a realização espontânea do bem comum. Por outras palavras, o juízo particular de cada indivíduo ao concentrar-se apenas no seu próprio benefício, leva--o a agir em conformidade com o interesse geral, sem nunca o visar directamente. É neste contexto que o autor introduz a noção de "mão invisível".

O que é a "mão invisível"? É a imagem que designa uma certa forma de coordenação impessoal e espontânea que se gera entre esforços individuais e desligados entre si, e que garante com eficácia ímpar a realização, não só dos interesses particulares, mas sobretudo do interesse geral. Pelo contrário, toda a cooperação intencionalmente dirigida parece, por si mesma, frustrar a prossecução do interesse geral. Dito de outra forma, de intenções altruístas planeadas está o "inferno cheio".

Muito sinteticamente, esta é a visão da cooperação tão familiar a muitos dos alunos de cursos de Gestão de Empresas e de Economia. Os pontos fortes que este entendimento de cooperação apresenta parecem ser os seguintes: sugere a coordenação automática dos esforços; é facilmente aceitável e compreensível pelos indivíduos; acaba por ser uma descrição da conjugação de objectivos pessoais mais compatível com o mundo das transacções económicas.

Será sempre atraente uma teoria segundo a qual a preocupação com o desenvolvimento de uma entidade reguladora ou coordenadora é, na prática, dispensável. Se as acções individuais são compatíveis entre si e geram um resultado global superior, então desaparece a necessidade de uma estrutura dirigente e centralizada incumbida de zelar pela coordenação das actividades de todos. Deste modo, são poupados recursos e esforços que o funcionamento de uma instituição ou conjunto de instituições sempre exigem. Já para não mencionar que é evitado o perigo associado ao poder que esta estrutura absorve.

Por sua vez, tal entendimento parece ser um modelo cuja apreensão pelos indivíduos em sociedade não oferece grandes dificuldades. No fundo, sustenta-se em algo que todos bem conhecem: o seu próprio interesse, sem ser necessário tecer considerações adicionais acerca do interesse colectivo e dos interesses alheios. Se para assegurar a cooperação é necessário apenas considerar o mero interesse próprio, então não precisamos que alguém nos venha esclarecer acerca do que deve ser feito.

Por fim, afirmámos que esta visão corresponde com mais exactidão à vitalidade das relações especificamente económicas. Note-se que Adam Smith refere que "nunca vi[u] nada de bom, feito por aqueles que se dedicaram ao comércio pelo bem público". Mais, o autor denuncia que esse "tipo de dedicação" não é "muito comum entre os mercadores". Smith, é bom dizê-lo, não nega que existem homens de negócios dedicados ao "bem público". O que nega é que esses homens de negócios cuja intenção é servir o "bem público", e que orientam a sua actividade segundo este objectivo, o consigam fazer de modo eficaz. O "bem público" é servido com mais eficiência por aqueles que se dedicam ao comércio sem preocupações altruístas ou filantrópicas. Smith ainda acrescenta, e é este o ponto que queremos destacar, que não são muitos os mercadores assaltados por este espírito dedicado ao bem de terceiros.

As perguntas que se impõem são as seguintes: será que esta visão esgota numa mesma perspectiva todas as possibilidades de cooperação? Não exigirá a cooperação uma intervenção deliberada da inteligência e da vontade humanas? Os esforços dos agentes económicos podem ser todos subsumidos nesta caracterização dos "mercadores"? Será que a cooperação numa empresa económica é assim tão espontânea?

O segundo texto acima reproduzido obriga-nos a dar um passo em frente no longo caminho para uma compreensão mais aprofundada do fenómeno da cooperação. Numa passagem fundadora da chamada "teoria dos jogos", J.-J. Rousseau introduz um elemento adicional. Sem abandonar o paradigma do interesse pessoal, Rousseau coloca em dúvida os resultados benéficos de uma cooperação sem uma coordenação mínima. Partindo de uma descrição imaginária de uma situação de caça, Rousseau pretende estabelecer as condições básicas de uma estratégia cooperativa. Para caçar um cervo é preciso dispor os membros do grupo em posições fixas e previamente estabelecidas, de modo a cercar a tão ambicionada presa. A eficácia dessa acção depende absolutamente da permanência de cada um no seu posto. Contudo, suponha-se que uma presa de menor porte, e que suscita o interesse próprio de cada elemento do grupo tomado isoladamente, se atravessa no seu raio de acção. O exemplo pode parecer infantil e jocoso, mas atente-se na sua força ilustrativa. Se o interesse próprio comandar em exclusivo a acção de cada membro do grupo, então todos perdem. Ou seja, um apanha a lebre, todos perdem o cervo. A lição parece ser óbvia: é preciso completar a "mão invisível" com considerações ulteriores e, simultaneamente, compreender os limites de um entendimento de cooperação que nada aceite para além da estrita prossecução do interesse próprio.

De facto, o que o exemplo avançado por Rousseau solicita é a necessidade de algum esforço de coordenação para que o interesse próprio de cada um dos elementos do grupo seja mais bem servido. Do nosso ponto de vista, o pequeno episódio da caça ao cervo relatado por Rousseau mostra, à evidência, como num projecto conjunto requer-se a *cooperação*, não só de indivíduos, mas de qualidades pessoais e de enquadramentos organizacionais. Duas delas já foram por nós alvo de uma atenção muito especial: o autodomínio e a ordem ou disciplina. Neste sentido, aquele que se demite do seu posto para perseguir a lebre não preencheu os requisitos do autodomínio, nem da ordem organizacional. Cooperação exige ainda *coordenação*. Por sua vez, esta pressupõe a aplicação da inteligência humana à concertação dos esforços individuais.

Mas o trecho de Rousseau não se esgota apenas neste exemplo paradigmático. Temos de considerar o factor temporal nesta equação da cooperação. Pois quando falamos da prossecução de um bem ou de um interesse comum estamos, por essa via, a introduzir uma outra dimensão no problema. Não abandonamos a referência ao interesse próprio. Distinguimos, outrossim, o interesse próprio imediato do interesse próprio diferido, ou seja, do interesse individual a ser realizado num "futuro distante". Porque o interesse próprio "bem entendido" não se resume à apropriação imediata, a coordenação planeada aparece como um dispositivo incontornável na obtenção dos bens prosseguidos pela organização.

Uma vez mais notamos a cooperação de qualidades pessoais e organizacionais a que se faz apelo nesta dinâmica. O autodomínio volta a ser um exemplo relevante. O que é o sistema de castigos e recompensas senão um esquema de coordenação de acções individuais que tem por finalidade suster o ímpeto de satisfação imediata em prol de gratificações futuras? Também aqui é solicitada a intervenção da inteligência directiva no sentido de assegurar uma cooperação/coordenação mais plena e eficaz.

Mas será que os argumentos em favor da cooperação espontânea não encontrarão outros recursos teóricos? David Hume fornece-nos uma proposta. Abordemos com o filósofo escocês uma outra imagem da cooperação. Dois remadores fazem avançar um barco através de uma acção coordenada. Mas qual é a modalidade a que os remadores recorrem para garantir a cooperação mútua? Segundo Hume, trata-se de um "acordo" ou de uma "convenção". Não podemos deixar de notar, no entanto, que os remadores não efectuaram qualquer promessa. Estamos, portanto, perante um "acordo" ou "convenção" que se estabelece sem uma contratualização expressa. O que poderá ser isto? O trecho por nós citado não fornece todas as informações necessárias. Contudo, há três aspectos paralelos muito importantes que são avançados. Parece que a propriedade, a língua e o valor monetário se baseiam de igual forma em "convenções". Qual é o carácter dessas convenções? Elas emergem gradualmente e vêem-se reforçadas pelo hábito e pelo costume. Não deixa de ser interessante notar como o "acordo" que subjaz à cooperação não implica um consentimento explícito, programado e detalhado. Trata-se, antes, de um tipo de assentimento que o tempo e o hábito sedimentam.

Será esta apenas mais uma versão da mão invisível? Na realidade, existe um propósito comum que une os esforços das partes que cooperam. Ao contrário da mão invisível, que não ambiciona ser mais do que uma forma de ordenação, sem coordenação intencional, dos interesses próprios, a "convenção" de que nos fala Hume aponta para uma harmonização das acções que procede tacitamente e é regrada apenas pelo costume. Assim, a cooperação//coordenação não é assegurada por um mecanismo completamente impessoal, nem por uma intervenção directa e determinada pela inteligência planificadora. Como solução intermédia para o problema da cooperação/coordenação surge um outro recurso a que Hume chama "acordo" ou "convenção", e que parece reter as vantagens da cooperação descentralizada e impessoal de Smith, sem descurar por completo as necessidades de coordenação que supõem algum contributo da inteligência humana.

Mas Hume não oferece apenas este recurso adicional ao problema da cooperação. O segundo trecho põe-nos diante dos olhos a dimensão da reciprocidade. O agente que colabora num projecto comum fá-lo, não por quaisquer considerações altruístas e desprendidas, mas por se inserir numa economia de "correspondência de influências benévolas". A razão pela qual cada um presta serviços e troca favores é a expectativa sustentada na experiência habitual de que haverá um retorno equivalente. O leitor poderá perguntar: o interesse próprio reaparece como o móbil fundamental, tal como sucedia na doutrina da "mão invisível"? Sim e não. O interesse próprio permanece como o motor das acções individuais, mas agora é enquadrado e amplificado por um contexto de reciprocidade, gerado no decurso de experiências acumuladas, e que fornece um quadro geral de expectativas razoáveis que pauta o comportamento de cada agente. É possível verificar que esta modalidade da cooperação impede que se "cace a lebre", ou melhor, não torna esse desvio um facto tão evidente como o supunha Rousseau. Devidamente entendido e inserido numa perspectiva mais abrangente sobre a vida e costumes em sociedade, o interesse próprio não produz os efeitos desequilibradores que podem ameaçar o funcionamento da organização.

Na última passagem que incluímos na nossa selecção, Hume alarga um pouco mais o problema. Afinal, nem tudo ficou dito acerca da cooperação/

/coordenação. Quando o projecto comum adquire uma certa complexidade e a sua prossecução se arrasta no tempo, é preciso aprofundar o "acordo" entre as partes. O exemplo de Hume divide-se em dois momentos. Num primeiro momento, apenas duas pessoas pretendem drenar o prado. Neste caso, o cumprimento do acordo é mais fácil de obter porquanto existe um conhecimento recíproco das intenções e actos das partes. O modelo da "mão invisível" não é aplicável, pois, como vimos, segundo Smith cada indivíduo cuidava apenas do seu interesse particular sem preocupações adicionais. Com o exemplo de Hume, percebemos que cada um dos agentes precisa de conhecer os projectos do outro que consigo cooperará. O conhecimento mútuo é um aspecto fundamental da cooperação para obter a sintonia dos esforços. Em certo sentido, as expectativas relativamente à prestação do outro ganham uma nova estabilidade e segurança. Se no trecho anterior Hume apelava ao costume para assegurar essa estabilidade, já neste último excerto é o conhecimento recíproco que emerge como a âncora da consolidação do projecto comum. O projecto arrisca o colapso quando esta condição não se verifica.

Não deixa de ser significativo como no capítulo sobre o conflito notámos que as causas que o promoviam consistiam precisamente na ignorância mútua e no facto de o homem permanecer um estranho para o outro. No continuação desse diagnóstico, e adoptando a perspectiva oposta, isto é, da cooperação, sublinhamos a relevância do pequeno antídoto que avançámos, a saber, o carácter salutar de ambientes e esferas de articulação das acções que atenuem a opacidade e reduzam a incerteza.

Mas não podemos escamotear o facto de David Hume tecer estas considerações a propósito de um projecto comum que envolve apenas duas pessoas. E quando alargamos o universo dos agentes que cooperam? Não surgirão problemas ulteriores de coordenação? Em projectos que envolvem recursos humanos abundantes, o problema mais evidente é, sem dúvida, o fenómeno em que "cada um procura um pretexto para se isentar do incómodo e da despesa, e transferirá o fardo completo para os outros". Em linguagem mais contemporânea, trata-se do famoso problema do *free rider* ou "passageiro clandestino", isto é, aquele indivíduo que procura tirar o maior proveito possível dos esforços cooperativos sem avançar o seu próprio contributo. Esta possibilidade que ameaça a cooperação cresce exponencialmente assim que desaparece o contexto de conhecimento recíproco. Os grandes números permitem o anonimato, e o *free rider* só se esconde por detrás da opacidade dos grandes números. No seio de grandes organizações nas quais convivem e trabalham muitos profissionais, a cooperação pode estar em risco se não forem tomadas algumas precauções que dissolvam paredes de isolamento e restabeleçam canais de comunicação.

Terminamos este périplo por histórias e fragmentos do pensamento ocidental com o retorno às origens. Falamos do livro do *Génesis*. Estamos na planície de Chinear. Os homens que vieram do Oriente reúnem-se para construir uma torre que chegue aos céus. Neste seu empreendimento comum comanda o desejo de fama e a vontade de não se dispersarem. O poder para empreender tamanho projecto radica na posse de uma língua comum. Partilhar uma plataforma de comunicação é condição necessária para levar a bom termo esta tarefa hercúlea. Não nos pronunciamos sobre as razões que tornam o empreendimento de Babel ofensivo aos olhos de Yavhé. Vejamos apenas o juízo pronunciado por Yavhé: "Eles constituem apenas um povo e falam uma única língua. Se principiaram desta maneira, coisa nenhuma os impedirá, de futuro, de realizarem todos os seus projectos. Vamos, pois, descer e confundir de tal modo a linguagem deles que não consigam compreender-se uns aos outros". A coordenação, o conhecimento recíproco e a linguagem comum, fazem parte de uma mesma equação que resulta no poder de realizar todos os projectos. Por outro lado, a dissolução do projecto de Babel está associada à *confusão* da linguagem, isto é, ao colapso da comunicabilidade e da base de entendimento recíproco, e, finalmente, à dispersão.

Acedemos aos ecos desta relação estreita entre a comunicabilidade e a cooperação (ou entre o colapso da linguagem e a emergência do conflito) no texto de S. Agostinho que apresentámos anteriormente. "(...) [A] diversidade das línguas torna o homem um estranho para o homem. (...) [É] mais fácil que dois animais mudos, mesmo de género diferente, convivam em sociedade, do que aqueles dois, apesar de serem homens. Efectivamente, quando não podem comunicar um ao outro o que sentem apenas por causa da diversidade da língua, de nada serve para levar os homens ao convívio social a sua tão grande semelhança de natureza – e tanto é assim, que o homem tem mais prazer em estar com o seu cão do que com um estrangeiro".

Começámos esta discussão sobre a cooperação com a doutrina da "mão invisível". Porém, todos os elementos que fomos acrescentando ao longo deste capítulo anunciam os limites dessa doutrina. A cooperação não é espontânea, nem emerge sem um intuito deliberado. Assim que se introduz o tema da linguagem comum ou da comunicação, mais frágil se torna a ideia da cooperação como actividade involuntária. Com S. Agostinho percebemos como a mera convivência se torna problemática quando não é sustentada por uma linguagem comum. E por linguagem não entendemos apenas um veículo de transmissão de signos e mensagens, mas todo um referencial de comunicação que abrange as mundividências, os padrões de valor e os conteúdos das aspirações e aversões. Neste sentido, a linguagem abrange ainda os interesses particulares, assim como os interesses comuns cuja realização pressupõe a partilha na comunicação. No entanto, das nossas palavras não se pode deduzir qualquer recomendação de imposição de um pensamento único que comande a organização. De forma muito genérica, propomos que sejam abertos aqueles canais de comunicação que permitam aos membros de uma comunidade de trabalho reflectir sobre o bem comum, isto é, sobre aquele bem cuja realização depende em absoluto de esforços coordenados e cujo gozo pressupõe igualmente a inter-relações na comunidade.

Comunicação sobre Rodas: o caso *Honda*[9]

O sistema de sala de reuniões conjunta foi introduzido no construtor automóvel *Honda* em 1964 por Takeo Fujisawa. Tal como o próprio nome indica,

---

[9] Elaborado a partir de Mito, Setsuo. *The Honda Book of Management. A Leadership Philosophy for High Success*, Londres, The Athlone Press, 1990.

todos os executivos de topo da empresa possuem aí um lugar e reúnem-se regularmente para discutir todo o tipo de assuntos. A intuição de base que presidiu à sua criação consistiu no seguinte: uma discussão ampla de problemas comuns conduz a decisões sólidas. O sistema evoluiu ao longo dos anos, mas recebeu um novo impulso quando Fujisawa e Soichiro Honda abandonaram a empresa e Kiyoshi Kawashima, o sucessor na presidência (1973), percebeu que deveria existir um novo estilo de liderança, sustentada não tanto no génio individual, mas na liderança colectiva.

Na sala de reuniões conjunta só os presidentes, vice-presidente e gestores de topo, possuíam um lugar pré-definido. Todos os outros executivos distribuíam-se livremente pela sala. Todo o tipo de problemas e questões eram aqui discutidos. No processo de tomada de decisão, conferia-se grande importância ao processo de investigação e análise, começando sempre por uma troca livre de ideias a partir de diferentes perspectivas. Todos eram encorajados a falar. Vários comités foram criados para se debruçarem sobre assuntos genéricos, mas não existiam linhas de responsabilidade muito estritas. Qualquer um podia pronunciar-se sobre assuntos que não eram da sua competência directa, e, ao contrário do que se poderia esperar, ninguém se sentia ofendido quando a sua área de especialidade era invadida pela intervenção de outros. Os executivos sabiam como era importante manter a mente aberta de modo a ouvir outros pontos de vista.

A descrição do funcionamento regular da sala de reuniões conjunta foi feita por Kawashima da seguinte forma: "Nós não falamos de coisas sérias o tempo todo. Podemos falar acerca das eleições presidenciais dos EUA num dado momento e fazer comentários soltos acerca das modas dos jovens. A nossa conversação pode deambular consideravelmente, mas regressa sempre aos assuntos relevantes para a gestão da *Honda* (...). Acabamos por discutir durante horas alguns tópicos que outras pessoas tomariam como adquiridos. O que está sempre presente no nosso espírito são as nossas responsabilidades como executivos e o caminho mais apropriado para o crescimento da empresa. Quando chegamos a um destes assuntos, prolongamos a conversa durante horas. Independentemente do que falamos, o assunto regressa sempre à *Honda* e ao seu futuro".

As discussões eram francas e abertas, os participantes falavam até sentir que possuíam uma percepção completa do problema. Não hesitavam em lançar qualquer assunto para a discussão, ainda que não fosse urgente. A liderança na sala estava sempre a cargo do presidente. Era ele quem tomava as decisões finais, mas tinha de ser principalmente um bom ouvinte e promover o entendimento entre os participantes. Quando em 1964 Takeo Fujisawa propôs este sistema de discussão, percebeu que nas organizações empresariais a comunicação vertical decorria sem atritos, mas que a comunicação horizontal era extremamente difícil e agravada pela forma autónoma como operavam os departamentos. À medida que *Honda* crescia, percebeu que os executivos mais jovens não prestavam grande atenção ao funcionamento geral da empresa. Todos viviam absorvidos nos seus problemas do dia-a-dia.

Apesar destas condições, o desempenho da empresa não era muito negativo. Mas um conjunto de crises de gestão ao longo dos anos 60 pôs a nu a necessidade de uma discussão alargada e aberta entre todos os executivos. O sistema da sala de reuniões conjunta nasceu, portanto, como uma tentativa de superar a aversão natural que a maioria dos executivos tinham em falar uns com os outros. A tendência que cada um manifesta para se refugiar no seu próprio canto, retendo para si as ideias e opiniões acerca do desempenho da empresa, é típica de todas as empresas.

A *Honda* encontrou neste modelo uma maneira de desbloquear os canais de comunicação. Mais, a empresa assegurou um lugar onde pudesse haver partilha de pontos de vista não necessariamente do foro profissional. A partir dos seus interesses mais comuns, as discussões podiam começar por assuntos triviais, mas terminavam sempre, como vimos, num debate sobre aquilo que os unia e que podemos designar pelo bem comum da empresa.

Este sistema abre os canais de comunicação necessários para a cooperação na empresa. Mas para que a comunicação flua efectivamente é preciso um espírito que se adeque aos objectivos do sistema. Em particular, a cultura empresarial que fomenta a comunicação parece ser aquela em que se obtém uma harmonia entre o reconhecimento da individualidade de cada um e a consciência dos conflitos que daí podem decorrer. Várias empresas tentaram imitar este modelo da *Honda*, mas nem todas foram bem sucedidas. É que o encorajamento a uma troca livre de perspectivas só funciona quando a cultura empresarial contém o espírito que integra as ameaças do conflito, as exigências da ordem e os requisitos da cooperação.

ÍNDICE DAS OBRAS CITADAS

AGOSTINHO, S. *A Cidade de Deus*, trad. portuguesa: J. Dias Pereira, 2 vols., Lisboa, Fundação Calouste Gulbenkian, 2000;

ARISTÓTELES, *Ética a Nicómaco*, trad. portuguesa: António C. Caeiro, Lisboa, Quetzal Editores, 2004;

BACON, Francis. *The Advancement of Learning*, Filadélfia, Paul Dry Books, 2001;

Bíblia dos Capuchinhos, Fátima, Difusora Bíblica, 1998;

CAMUS, Albert. *O Mito de Sísifo*, trad. portuguesa: Urbano Tavares Rodrigues, Ana de Freitas, Lisboa, Livros do Brasil [s. d.];

CÉSAR, Júlio. *A Guerra das Gálias*, trad. portuguesa: Victor Raquel, Lisboa, Edições Sílabo, 2004;

EMERSON, Ralph Waldo. *Representative Men* in *Essays, Representative Men and Poems*, Glasgow, Collins Clear Type Press, 1910;

FRANKLIN, Benjamin. *The Way to Wealth*, Bedford, Applewood Books, 2001;

HOBBES, Thomas. *Leviatã*, trad. portuguesa: João Paulo Monteiro, Maria Beatriz Nizza da Silva, Lisboa, Imprensa Nacional-Casa da Moeda, 2002;

HUME, David. *Treatise of Human Nature*, Londres, Penguin Books, 1969;

MADISON, James; HAMILTON, Alexander; JAY, John. *O Federalista*, trad. portuguesa: Viriato Soromenho Marques, João C. S. Duarte, Lisboa, Edições Colibri, 2003;

MAQUIAVEL, Nicolau. *O Príncipe*, trad. portuguesa: António Simões do Paço, Queluz, Coisas de Ler, 2003;

MELVILLE, Herman. *Moby Dick*, trad. portuguesa: Alfredo Margarido, David Gonçalves, Lisboa, Relógio d'Água [s.d.];

PLATÃO. *Complete Works*, trad. inglesa (*Laws*): Trevor J. Saunders; (*Sophist*): Nicholas P. White, Indianápolis, Hackett Publishing, 1997;

PLATÃO. *O Banquete*, trad. portuguesa: Teresa Shiappa de Azevedo, Lisboa, Edições 70, 1991;

PLUTARCO. *Alexandre Magno*, trad. portuguesa: Justino Mendes de Almeida, in Benoist-Méchin, *Alexandre Magno: 365-323*, Porto Lello & Irmão, 1980;

ROUSSEAU, J.-J. *Œuvres complètes*, 4 vols, Paris, Gallimard, 1964.

SHAKESPEARE, William. *A Tragédia de Macbeth*, trad. portuguesa: João Palma-Ferreira, Lisboa, Livros do Brasil, 1987;

SMITH, Adam. *Inquérito sobre a Natureza e as Causas da Riqueza das Nações*, trad. portuguesa: Teodora Cardoso, Luís Cristóvão de Aguiar, 2 vols., Lisboa, Fundação Calouste Gulbenkian, 2003;

TOCQUEVILLE, Alexis de. *Da Democracia na América*, trad. portuguesa: Carlos Correia Monteiro de Oliveira, Cascais, Principia, 2002;